AF713731

Les Secrets de la Manipulation sur Internet

Petit Manuel Pratique à l'Usage des Infopreneurs... et de leurs Clients

Didier Marquis

©2008-2009 www.club-positif.com pour cette édition

Tous droits réservés pour tous pays

Sommaire

©2008-2009 www.club-positif.com

Introduction

Le fantasme secret – et inavouable – de bien des vendeurs et de marketeurs serait de "zombifier" les consommateurs pour les transformer en "robot-acheteur" téléguidé par leurs publicités.

Cela n'est qu'un fantasme bien entendu...

Il n'en reste pas moins qu'il existe des techniques de persuasion et de vente qui sont d'une implacable efficacité.

Off-line ou on-line. Et celles-ci peuvent même piéger un vendeur aguerri !

Et pourquoi ces stratégies fonctionnent-t-elles si bien ?

Tout simplement parce qu'elles canalisent l'énergie fondamentale qui anime tout être humain : le DÉSIR.

Celui-ci est l'équivalent de l'énergie atomique dans le monde de la vente. Autrement dit, en apprenant à l'"harnacher", vous pouvez faire EXPLOSER VOS VENTES.

Derrière toute la gamme des émotions et des motivations primaires qui poussent – irrésistiblement – à acheter, il y a toujours – et encore – cette énergie fondamentale du désir.

Et tout l'art de la vente est de connaître les LOIS qui permettent de la contrôler de manière spécifique en fonction du produit à vendre.

Et c'est une énergie au pouvoir illimité ! Tout comme la foi, le désir peut soulever des montagnes – y compris des montagnes d'objections et de soi-disant bonnes raisons de ne pas acheter.

Encore plus sur le web !

Certains diront que l'art de la vente, ça ne change pas. Que ce soit dans un souk du XIIIe siècle, quelque part en Afrique du Nord, ou avec le direct mail sur le web, c'est toujours la même chose.

Le média peut changer, mais on tire toujours sur les mêmes ficelles.

Ces pseudos "experts" ont réellement tort. Ils ne savent pas du tout de quoi ils parlent ! Ce sont des dinosaures en voie d'extinction...

Certes, beaucoup de vieilles techniques de vente ont fait leur preuve. Et continueront de le faire. Mais la bonne nouvelle, c'est que le web vous permet de pousser beaucoup plus loin ces techniques de persuasion qui viennent de la nuit des temps.

Mieux encore : étant donné que l'internet est un média RADICALEMENT NOUVEAU, il vous offre la possibilité d'essayer de nouvelles stratégies de vente d'une redoutable efficacité.

Plusieurs de ces stratégies pourraient même être qualifiées d'"interdites" comme l'ont déjà fait certains. On les qualifie ainsi parce qu'elles "dopent" tellement vos ventes qu'elles vous donnent un avantage presque injuste sur vos concurrents ET vos prospects. Un peu comme certaines substances illicites permettent à des athlètes de haut niveau de battre leurs adversaires les plus coriaces.

Le grand jeu d'Hermès

Le dieu grec Hermès est toujours bien vivant. Dieu de l'éloquence et de la persuasion, il est aussi celui des avocats, des voleurs et des commerçants. Et donc des publicitaires, marketeurs et "créas" de tout acabit. (Étrange combinaison n'est-ce pas ?)

Ce dieu joueur et insaisissable exerce son pouvoir de persuasion au-delà du Bien et du Mal. Car pour lui tout cela n'est qu'un jeu...

Et la vente en ligne peut d'ailleurs se comparer à un jeu vidéo, à une réalité virtuelle. World of SaleCraft. Que le meilleur gagne ! Et que les plus naïfs s'en mordent les doigts...

"La fin justifie les moyens", comme disait Machiavel (un avatar d'Hermès !). Peu importe les stratégies de vente que vous utilisez, vous avez le DROIT de vendre un produit de qualité. Et vos prospects ont le droit de refuser.

C'est le grand jeu d'Hermès...

Il n'en reste pas moins qu'il faut aussi attirer et persuader LOGIQUEMENT vos prospects – entre autres avec les "bons" chiffres.

Ce travail de prospection et de persuasion s'adresse au moi conscient, à l'intelligence, à la logique – et respecte le libre arbitre du prospect.

Et ultimement, – même s'il est très facile de jouer avec plusieurs motivations émotionnelles ou inconscientes – c'est le moi conscient du prospect qui prend la décision d'appuyer sur le bouton "J'achète".

Mais là encore vous pouvez mettre Hermès de votre côté pour être 100 % persuasif ! Y compris virtuellement.

Ce qui n'exclut pas de rendre le client très heureux. Et donc vous aussi !

Robert Denryck

Stratégies de base pour attirer les clients dans vos "filets"

Avec un site commercial, vous disposez d'une équipe d'infatigables et fiables vendeurs virtuels prêts à travailler jour et nuit 365 jours par année.

Sans commission ! Et ils n'exigent qu'une surveillance minimale.

La bonne vieille époque du porte-à-porte où de tant de vendeurs ont fait école est révolue.

Le télémarketing prend aussi du plomb dans l'aile.

À moins qu'il ne s'agisse d'une société avec laquelle le client fait déjà affaire (téléphone, etc.), le prospecteur essuiera généralement un refus sec à moins qu'il ne fasse se raccrocher la ligne au nez.

Les clients sont de plus en plus excédés quand on les contacte à n'importe quelle heure par téléphone.

En revanche, avec l'internet, vous pouvez vous permettre de "déranger" le client parce que c'est lui-même qui détermine ses "fenêtres de disponibilité". Et il n'a personne contre qui se fâcher.

Dans le pire, il peut se débarrasser de vous d'un clic pendant que vous dormez sur vos 2 oreilles ou que vous jouez avec vos enfants.

C'est votre "robot" d'auto-réponses qui subit les rejets, mais il n'en a cure...

Et il y a bien des façons d'aller chercher des clients sur le web.

Certaines stratégies de prospection sont passives, d'autres plus directes ou actives. Ou même interactives. Mais toutes peuvent vous assurer énormément de succès si vous les appliquez de la bonne façon !

Stratégie n° 1
Transformez votre site d'achat en "centre d'amusement" interactif

"M. Dali, quel est votre secret pour avoir du succès ? Offrir du bon miel à la bonne mouche au bon moment et au bon endroit."

Salvador Dali

"Ce n'est pas avec du vinaigre qu'on attrape les mouches."

Vieil adage

Certain(e)s adorent faire du shopping durant des journées entières.

Mais pour beaucoup de gens, faire du shopping peut représenter une corvée ou même un stress important.

Et surtout quand ils sont très pressés !

Pour les commerçants, il est donc important de faire en sorte que les lieux de vente présentent d'autres attraits que les seuls produits à vendre.

Dans les grands centres commerciaux, il y a souvent des spectacles gratuits, des parcs d'amusement pour enfants, des clowns, des petits zoos improvisés, des manèges, etc. Tout cela crée un climat de fête ou de foire foraine qui rend l'expérience du shopping plus agréable et permet d'en faire une petite "sortie" en soi.

Sur le web, c'est la même chose.

Même s'il fait son shopping en ligne à partir de chez lui, le consommateur est souvent pressé.

Il se sent également préoccupé par les choix qu'il doit faire pour économiser de l'argent, s'assurer d'avoir des garanties, gérer la masse incroyable d'informations à laquelle il est soumis, etc.

Là aussi, il faut rendre son shopping le plus agréable possible en le distrayant pour lui changer les idées, lui faire oublier le temps qui passe, les comptes à payer, etc.

Et soyez-en sûr : il reviendra... et achètera !

Comment faire pour que vos visiteurs s'"amusent" en visitant votre site

Il existe plusieurs moyens faciles pour vous assurer que les visiteurs aient beaucoup de plaisir à visiter votre site. Et à faire des achats !

N'essayez pas "à tout prix" de vendre quelque chose la première fois

Il vaut mieux accueillir les clients de manière détendue, sans faire de pression.

C'est comme dans une boutique de vêtements : les gens aiment prendre le temps d'essayer des vêtements sans avoir toujours un vendeur à côté d'eux qui les regarde et qui les pousse à acheter.

En définitive, il est plus payant de donner l'impression au client qu'il a tout son temps.

Pensez à ces librairies qui ont un petit salon de lecture.

Créez un décor visuel attrayant

Un excès d'éléments visuels risque de ralentir le téléchargement de votre page d'accueil.

Tout en tenant compte de ceux qui ont un accès internet plus lent, vous pouvez néanmoins créer un environnement ludique, chaleureux et coloré.

Offrez un vaste éventail de choix côté visuel : galeries de photos, images, jeux, courtes vidéos, etc. Mettez-en plein les yeux.

Cela dit, TOUS les éléments visuels d'un site jouent un rôle – que ce soit pour attirer ou persuader les prospects au niveau conscient ou inconscient.

Accueillez-les ou distrayez-les avec une musique adaptée

En plus d'en mettre plein les yeux, mettez-en plein les oreilles !

Avec la généralisation du haut débit, les ambiances sonores joueront un rôle de plus en plus prépondérant.

Cela vaut donc vraiment la peine de formater le contenu musical en fonction de vos produits ou services.

Vous pourrez ainsi :

• rendre la consultation de votre site bien plus agréable et retenir les prospects ;

• maximiser l'impact de votre message (la musique peut aussi servir de stratégie de persuasion à un niveau conscient ou inconscient !).

Prévoyez que chacun a sa façon d'avoir du plaisir

Certains aimeront des jeux, des galeries photos, des potins distrayants. D'autres préféreront de l'information juteuse mais concrète. Et il y en aura toujours qui aimeront rêvasser en faisant du "lèche-vitrine virtuel" et en regardant des offres spéciales très alléchantes.

Qu'il s'agisse d'un catalogue papier ou virtuel, ce sont les mêmes mécanismes psychiques qui entrent en jeu.

Nourrissez leur esprit !

Comme le montre la tendance de l'"infotainment", il y a moyen d'informer tout en distrayant.

Les gens aiment avoir de bonnes informations tout en s'amusant.

À la TV, c'est une tendance lourde dans l'information, même sérieuse. Celle-ci s'"encanaille" en incluant des éléments provenant des émissions de variétés.

Inversement, ces dernières incluent maintenant des sections "sérieuses" avec de la bonne information présentée de manière ludique.

La défunte émission Tout le monde en parle, de Thierry Ardisson, ou On n'est pas encore couché, avec Laurent Ruquier, jouent fort bien sur les 2 tableaux.

Les infomerciaux déguisés en émission de variété s'inscrivent dans cette tendance.

Avec le développement du WEB 2.0 (voyez l'encadré) et la généralisation prévisible du haut débit, il faut maintenant que les sites marchands emboîtent le pas.

Les sites les plus performants intégreront de plus en plus la vente dans un savant cocktail de divertissement et d'information.

Sur votre site, offrez de l'information sous la forme de forums de discussion, d'articles, de renseignements rares et précieux en relation avec vos produits et services.

N.B. : Les informations sous forme de texte exigent peu de ressources comparées à des images et ne ralentissent pas trop la navigation.

Ne manquez pas le train du WEB 2.0 !

On parle de plus en plus du WEB 2.0. C'est un concept encore assez flou qui cherche à définir l'évolution du réseau internet.

Mais, grosso modo, on peut dire qu'il recouvre 2 aspects essentiels de cette évolution déjà en cours :

► Aspect technologique

On est loin des pages statiques du bon vieux temps ! Mais comme tel, il ne s'agit pas de l'arrivée de technologies flambant neuves.

La révolution technologique du WEB 2.0 réside surtout dans la mise en œuvre progressive de technologies déjà existantes.

Exemple :

► Aspect social

Avec le WEB 2.0, l'internaute ne se contente pas d'utiliser un réseau existant.

Il en fait intégralement partie et joue un rôle actif pour le faire fonctionner à la manière d'une courroie de transmission.

Bref, il n'est plus un simple spectateur mais aussi un acteur. Il amène du contenu sur les sites ou en crée lui-même (blogs, etc.).

Ce faisant, il humanise aussi l'aspect technologique de l'internet et en fait un véritable outil de communication, d'échange et de réseautage.

Facebook, MySpace, YouTube, Wikipedia, etc. sont de parfaits exemples de réseaux humains indépendants et autogérés par les utilisateurs.

On pourrait dire que le WEB 2.0 est un cerveau collectif avec du cœur...

Exemple :

Web 1.0	Web 2.0
Britannica Online	Wikipedia
sites personnels	blogs

En tous les cas, ne manquez pas le train du WEB 2.0 ! Car on parle déjà de WEB 3.0 ou même de WEB 4.0, d'internet en 3-D, etc.

Donnez-leur un accès facile à toutes sortes de service

Prenez modèle sur les magasins 24 heures off-line :

- Les consommateurs y trouvent de tout.
- Jour et nuit, ils peuvent acheter ce qu'ils veulent.
- Tout se fait facilement.
- Et même quand les prix sont plus élevés, les gens achètent parce que c'est tellement pratique d'acheter à l'heure qui leur convient le mieux.

Créez une impression de surabondance !

On a très vite fait le tour d'un site où il n'y a que des listes de produits à acheter, de brèves descriptions et de banales photos de produits (ou provenant d'une banque de clichés libres de droit).

Quoi de plus ennuyeux !

Mettez-en plein la vue.

Pour les magasins conventionnels, les bons commerçants savent bien qu'il ne faut surtout pas que les clients voient des rayons ou des secteurs vides.

Cela crée une très mauvaise impression ! La clientèle a horreur du vide.

En ligne, c'est la même chose.

Évitez aussi d'accueillir les visiteurs sur un "site en construction".

Proposez des lieux de détente virtuel

À l'internaute épuisé par des heures de surf trépidant sur le web, vous pouvez suggérer d'aller se reposer dans votre salon de relaxation virtuelle.

Même des séances d'une minute peuvent faire toute une différence.

Garantissez à vos visiteurs qu'ils en ressortiront tout ragaillardi !

Il existe déjà des sites proposant des "méditations en ligne" ou des "salle de méditation multimédia".

Dans certains cas, on peut y voir de véritables œuvres d'art virtuelles.

Pour en avoir un aperçu, visitez notamment le site www.karma-net.com/fr.

Autres suggestions

▪ Sur un site de produits naturels, par exemple, il est bon d'avoir par exemple un lexique avec des fiches très complètes sur les produits naturels.

Vous pouvez appliquer le même principe pour beaucoup de types de site.

▪ Vous pourrez donner encore plus de plaisir à vos visiteurs en "personnalisant" sa visite grâce à des enquêtes maison que ce soit pour le look, la musique ou d'autres aspects du site.

▪ Pour distraire ou intéresser vos prospects, il est fort utile de proposer des démonstrations en ligne. Cela peut se faire notamment avec des logiciels où les gens peuvent visualiser les résultats obtenus avec vos produits.

Certaines formes de démonstrations peuvent même avoir un côté très ludique comme des jeux vidéo.

Tout au cours de cet ouvrage, vous trouverez encore bien d'autres suggestions pour rendre votre site plus agréable à visiter et "convertir" ainsi les visiteurs en acheteurs.

Stratégie n° 2
L'effet de dissonance cognitive (ou la magie de la curiosité)

Énigme n° 1 : Plus je suis grande moins on me voit. Qui suis-je ?

Énigme n° 2 : Je disparais quand on prononce mon nom. Qui suis-je ?

(Pour les solutions, voyez plus loin.)

Vous roulez en voiture et soudain vous apercevez brièvement quelque chose de bizarre ou de vraiment inhabituel ou intrigant.

Étant donné que votre perception est fragmentaire, votre mental ressent un agacement ou une tension.

Si vous n'êtes pas trop pressé (ou peut-être même si vous l'êtes), vous vous arrêterez ou vous ferez marche arrière pour voir ce que c'est.

Vous venez de subir l'effet de la DISSONANCE COGNITIVE.

En d'autres termes, vous ressentez un état de forte tension psychique lié à une contradiction entre des croyances (cognitions) ou des perceptions.

Que cela vous inquiète ou simplement vous intrigue, c'est la même chose. Vous êtes déstabilisé mentalement.

Sur le web, c'est la même chose.

Au hasard d'une recherche ou d'une simple "balade" virtuelle, un prospect aperçoit une bannière, une image, un titre qui accroche irrésistiblement son attention parce qu'elle "allume" en lui une vive curiosité.

Soudain, il oublie ses préoccupations, la raison pour laquelle il surfait, le temps qui passe et qui presse...

Pour soulager la forte tension psychique associée à la curiosité, il va se sentir forcé de cliquer sur l'hyperlien. (En tout cas, si vous avez bien fait votre travail, il lui sera bien difficile de s'en empêcher !).

La curiosité, c'est plus que le ver au bout de l'hameçon. C'est la façon dont vous le faites bouger. Ou comment vous "agitez" le produit devant ses yeux. Et cela peut faire toute la différence pour "closer" une vente !

Avec cette stratégie, vous verrez notamment :

• comment contourner la méfiance face aux mails non sollicités de source inconnue (certains ont peur de les ouvrir pour ne pas attraper de virus) ;

• comment faire des titres d'emails qui poussent irrésistiblement les gens à les lire même s'ils n'ont pas une seconde à vous consacrer ou s'ils ont peur des virus et autres logiciels malveillants ;

• comment "forcer" un prospect à venir sur votre site et à y rester.

Ça ne prend pas grand chose !

Le fameux publicitaire Joseph Sugarman avait organisé une campagne de publicité pour une certaine marque de verres fumés. Et il avait trouvé un moyen très simple pour créer une "vague" de la curiosité autour du produit !

On a tout simplement laissé traîner des paires de verre fumé sur le trottoir.

Pendant ce temps, un caméraman a filmé les réactions des patients qui les mettaient.

Ensuite, on a retenu les réactions qui étaient particulièrement enthousiastes et "naturelles".

La publicité n'a pas montré ce que les gens voyaient avec ces verres fumés. Seulement leurs réactions enthousiastes !

C'est un parfait exemple de l'utilisation de la curiosité à des fins de marketing – et qui a d'ailleurs multiplié considérablement les ventes.

Mais sur le web, il y a moyen d'aller encore plus loin en ciblant de manière très spécifique la curiosité de vos prospects potentiels.

Le prospect est le drogué... vous êtes le dealer

La curiosité peut être une émotion très positive.

Derrière la curiosité, il y a la fascination du mystère ou de l'inconnu, le goût de l'aventure, le besoin d'échapper à la routine. Même chez les gens les plus casaniers !

Mais quand elle devient trop intense, elle peut aussi devenir synonyme de frustration ou même d'angoisse...

Cet état ne peut pas durer trop longtemps.

Le cerveau est sous tension au maximum.

Comme un drogué en manque, il a besoin de sa "dose" d'explication ou de rationalisation, de "savoir" à tout prix. C'est-à-dire de retrouver son équilibre cognitif.

Ce "désir IRRÉSISTIBLE de savoir" est lié à l'instinct de survie (voyez plus loin).

Et si vous pouvez le manipuler adroitement, vous pourrez augmenter très vite la fréquentation de votre site.

Sur le long terme, il y a également moyen de devenir le principal "dealer" d'information et de solutions pour une clientèle régulière (spécifique ou non).

Pour cela, il faut attirer cette clientèle avec de nouvelles "questions" dont vous seul connaissez les "réponses".

Bien utilisée, la stratégie de la dissonance cognitive ou de la curiosité est un outil de marketing virtuel redoutable.

Le mécanisme secret de la curiosité

La satisfaction progressive de la curiosité, comme dans le cas d'un roman ou d'un film, peut s'avérer très jouissive.

Car nous savons qu'en continuant de lire le roman ou de regarder le film, tout finira par s'éclaircir.

Mais tout comme la nature a horreur du vide, le mental déteste les questions qui restent trop longtemps sans réponse.

Certains peuvent même en perdre le sommeil ! Comme le médecin nazi du film La vie est belle (Roberto Benigni), qui cherchait obsessionnellement à résoudre toutes les énigmes qui lui tombaient sous la main.

(N.B. : Les 2 énigmes qui figurent en exergue de cette stratégie viennent justement de ce film. Ceux qui l'ont vu se rappelleront peut-être que les solutions des 2 énigmes sont l'obscurité pour la n° 1 et le silence pour la n° 2.)

Mais pourquoi la curiosité non satisfaite peut-elle s'avérer si douloureuse quand nous n'obtenons pas de réponse ou que nous craignons de ne pas en obtenir ?

En fait, il y a quelque chose de très physiologique dans la curiosité.

Une question non résolue, c'est comme le téléphone qui sonne sans arrêt dans le cerveau. Mais pas de réponse... Le passage de l'influx nerveux est perturbé.

Les synapses n'arrivent pas à faire passer les signaux nerveux d'un neurone à l'autre. Quelque chose bloque.

Ça rend fou. Ou c'est l'angoisse, la peur au ventre.

C'est notamment ce qui se passe chez un drogué en manque de cocaïne...

Sur votre site, il s'agit donc d'être le "dealer" qui proposera des "réponses" ou des "solutions". Mais après vous être arrangé pour intensifier le "manque"...

Cependant, pour bien créer le "manque", vous devez garder à l'esprit que, derrière la curiosité – aussi légitime soit-elle – se cache une émotion très puissante : la peur, version angoisse.

C'est elle le véritable moteur de notre besoin de tout savoir, de tout expliquer.

Exciter la curiosité du prospect rejoint donc la stratégie "interdite" de la PEUR.

Comment travailler sur les différents niveaux de curiosité

La curiosité n'est pas le propre de l'homme...

Vous avez sans doute déjà observé comment un jeune chat est curieux ? Il va fouiller dans tous les coins, entre dans tous les trous qu'il aperçoit, etc.

Et pourquoi ?

Il découvre son nouveau territoire et il l'explore pour le contrôler, en mesurer les limites, vérifier qu'il n'y a pas de dangers cachés.

Même un chat plus âgé qu'on introduit dans un nouvel environnement agira de la même façon.

De façon générale, tant chez l'animal que chez l'humain, la curiosité est liée à l'instinct de survie, donc à la peur de mourir.

Notre insécurité profonde nous pousse à examiner ou à vérifier tout ce qui pourrait mettre notre survie en danger – ou au contraire l'assurer.

Et pour l'humain, il peut s'agir autant de sa survie physique que psychologique.

En somme, notre curiosité est un mécanisme de défense qui nous permet de surveiller et protéger notre territoire – qu'il soit physique, émotionnel, financier ou autre. Une sorte de chien de garde.

Voici quelques façons de faire aboyer celui de vos prospects...

► Il est bien entendu très facile de piquer la curiosité avec des informations sur la santé, notre bien-être physique en général, diverses menaces environnementales ou autres.

Tout ce qui tourne autour de la santé représente une source de préoccupation majeure en rapport avec notre instinct de survie.

▶ Tout ce qui concerne l'état de notre maison est lié à une peur très profonde, à la fois physique et primitive.

Qu'il s'agisse d'un terrier, d'un nid ou d'un château, les craintes sont les mêmes.

Nous ouvririons donc les oreilles toutes grandes s'il y a du nouveau concernant l'électricité, la plomberie, la toiture, la fondation, les moisissures, les infiltrations d'eau, les émanations de radon, etc.

▶ La curiosité sexuelle est également liée à l'instinct de survie.

Tout ce qui "titille" le désir sexuel agit sur l'instinct de reproduction, qui est une composante de l'instinct de survie de l'espèce.

Et tout ce qui pourrait empêcher, affecter ou au contraire améliorer la satisfaction de ce désir va nous intriguer au plus haut point.

▶ De même, nous sommes curieux de savoir ce que nous cache notre conjoint, que pense-t-il réellement de nous, que ressent-il exactement, etc.

Ici, c'est la survie du couple qui est en jeu. Surtout à l'ère de la cyberinfidélité.

Et c'est un bon argument pour vendre notamment des logiciels espions qui surveillent les va-et-vient virtuels de notre conjoint. Ou du matériel de séduction.

▶ Il y a aussi la curiosité liée à l'insécurité par rapport à notre apparence, à notre estime de soi, à nos capacités dans un domaine qui nous intéresse particulièrement, à notre réputation, etc.

C'est une curiosité plus "abstraite" parce qu'elle n'a rien à voir avec notre survie "matérielle" – comme c'est le cas par exemple des problèmes financiers ou des troubles de santé.

Disons qu'il s'agit alors de la <u>survie de l'ego</u>.

Mais cette curiosité est tout aussi intense et... manipulable.

▶ Il existe également une curiosité purement intellectuelle qui est alimentée par notre anxiété ou notre manque de confiance en nous.

Si nous ne comprenons pas quelque chose, c'est peut-être que nous sommes stupides.

Nous avons donc besoin de "savoir" pour être rassuré sur notre intelligence.

▶ Par ailleurs, dans la mesure où nous estimons être un "expert" dans un certain domaine (professionnel ou non), tout ce qui challenge notre expertise ou notre compétence nous "interpelle" et nous inquiète.

Y compris pour un détail insignifiant.

▶ Même la curiosité plus frivole à l'égard des "secrets" des vedettes ou de la vie cachée d'un voisin n'est pas banale et révèle beaucoup de choses sur nous-mêmes.

Ce sont les mêmes mécanismes cérébraux qui sont activés. Et il s'agit encore d'une question de survie pour l'ego ! On cherche à se rassurer sur soi-même.

Si Claudia Schiffer avoue qu'elle a des problèmes de cellulite, bien des femmes en tireront un certain plaisir parce que cela les rassurera sur elle-même.

C'est donc sur tous ces niveaux de curiosité – des plus concrets aux plus abstraits ou frivoles – qu'il y a moyen d'agir quand vous titillez la curiosité de vos prospects potentiels.

Et pour bien utiliser la "magie de la curiosité", identifiez bien les craintes spécifiques de vos prospects potentiels en fonction de vos produits ou services.

Le plaisir de satisfaire la curiosité prend ses racines dans nos craintes les plus profondes, conscientes ou non.

Demandez-vous :

• De quel type de "survie" s'agit-il exactement ?

• Et quel type de solutions proposez-vous pour les rassurer ?

Ensuite, cela deviendra un jeu d'enfant de titiller leur curiosité de manière spécifique en fonction de vos produits ou services. Et pas seulement avec un gadget ou une image intrigante sans rapport direct avec le produit.

Pour cerner plus facilement la CURIOSITÉ SPÉCIFIQUE qu'il faut exciter, vous pourriez utiliser la technique Visualisez-vous "touchant" le client dans la Stratégie n° 5.

Utilisez les emails de la bonne façon

Si les prospects n'ouvrent pas vos emails, vous n'avez AUCUNE chance de faire une vente.

Heureusement, il existe une arme toute-puissante pour combattre la méfiance, la lassitude ou la mauvaise humeur des internautes hypersollicités : la magie de la curiosité.

En piquant vraiment la curiosité, vous pouvez même neutraliser une crainte légitime qu'éprouvent bien des internautes "avertis" : celle d'attraper un virus en ouvrant un email ou en activant l'hyperlien qu'il contient.

L'équation est donc très simple : 0 curiosité = 0 vente. Mais plus vous piquerez la curiosité des prospects, plus ils seront "forcés" d'ouvrir vos emails et d'aller sur votre site.

Voici donc quelques conseils à cet effet.

L'"objet" de votre email

Tenez compte d'abord du rôle essentiel de l'"objet" (ou du titre) de votre email.

Cette courte phrase a un double effet :

▶ Elle vous permettra d'ATTIRER IRRÉSISTIBLEMENT l'attention de vos prospects dans le flot d'emails publicitaires qu'ils reçoivent.

▶ C'est le LEVIER D'ARCHIMÈDE qui vous permettra de soulever tout le poids de l'ennui ou du scepticisme chez vos prospects.

En fait, l'objet de l'email correspond à l'accroche qui figure sur une lettre de vente directe.

Comme vous le savez, une phrase plutôt qu'une autre peut faire toute la différence. (Prenez le temps de faire des tests comme pour le direct mail traditionnel !)

Mais tout dépend s'il s'agit :

1. D'un spam ;

2. D'un suivi pour un client déjà inscrit sur votre mailing list (e-mailing).

Voici comment faire dans l'un et l'autre cas :

▪ **DANS LE 1er CAS, il faut piquer la curiosité du prospect avec un élément lié à vos produits.**

Imaginons, par exemple, que vous mettiez un truc outrancier du genre "nouvelles photos de Pamela Anderson nue", "Sarkozy à poil sur son yacht", "Avis important : votre Master Card est expirée" ou "Un ami qui vous veut du bien : votre femme vous trompe".

Avec cela, il y a tout à parier que les prospects ouvriront votre message plus volontiers que les autres emails publicitaires... Et sans doute améliorerez-vous l'affluence sur votre site s'il faut cliquer sur un hyperlien pour éclaircir le "mystère".

Mais à quoi bon si vous vendez du matériel pour imprimantes ou des trucs de vente pour agents immobiliers ? Cela ne va pas se traduire par une augmentation des ventes si les visiteurs ne sont pas intéressés par votre type de produits. Et vous fausserez vos données de prospection.

N.B. : Une FORTE dissonance cognitive est ce qui, ultimement, éliminera la peur de cliquer sur un hyperlien qui apparaît dans un spam.

▪ **DANS LE 2e CAS, il s'agit d'intriguer vos clients avec des éléments qu'ils connaissent déjà à propos de vos produits.**

Il faut aussi leur faire sentir que vous ne vous adressez pas à un "inconnu".

L'utilisation du prénom, par exemple, peut aider à créer l'impression d'un contact convivial ou amical dans le cadre d'un service après-vente ou d'un suivi : "Jean-Paul, voici un nouveau X... pour améliorer votre système X..."

Et faut-il le préciser : ne répétez pas trop souvent les mêmes accroches aussi intrigantes soient-elles au début ! Comme on dit, les blagues les plus courtes sont les meilleures...

Cela peut sembler une évidence. Mais je reçois souvent des emails à répétition provenant de certains e-commerçants qui font preuve d'un manque incroyable de créativité. On dirait qu'ils croient s'adresser à des demeurés ! Et à force de crier "au loup, au loup", ils réussissent surtout à faire rire d'eux. Ou à éveiller la méfiance !

Une évidence mais...

En principe, il est essentiel que le titre de votre email soit suffisamment court pour qu'il figure en entier dans la section "objet" de la boîte de réception.

Aussi génial soit-il, le titre d'un email ne sera qu'un coup d'épée dans l'eau si le "punch" figure à la fin de la phrase et que celle-ci n'apparaît pas...

Seule exception à cette règle : le début de la phrase est si intrigant qu'il force le prospect à ouvrir l'email pour connaître le reste.

Dans le corps de l'email lui-même

Si vous avez réussi à faire ouvrir votre email, vous avez mis un "pied-dans-la-porte" (Stratégie n° 11). Mais votre travail d'"amorçage" n'est pas fini !

Pour faire lire votre email, au moins en partie, il faut continuer d'exciter la curiosité du prospect.

Vous avez alors 2 possibilités pour le "faire bouger" :

► **Proposez un contenu informatif et COMPLET, mais qui donne néanmoins le goût d'aller faire un tour sur votre site pour en savoir encore plus.**

Il est important que ce ne soit pas de la simple publicité avec une liste de promesses mirobolantes et ampoulées.

Fournissez de la VRAIE information, mais concluez sur une note de dissonance cognitive qui donne l'envie irrésistible d'en savoir plus (comme on veut savoir à tout prix comment se termine un thriller !).

Le prospect, s'il est bien ciblé, n'aura d'autre choix que d'aller sur votre site.

► **Vous pouvez aussi vous limiter à quelques lignes, voire à une seule, du type "ACCROCHE" irrésistible.**

Il peut s'agir d'une information partielle ou d'une question. L'important, c'est que cela fasse vraiment saliver le prospect et le "force" à cliquer sur un hyperlien qui mène à votre site.

Survoltez les neurones du prospect en créant un effet de dissonance cognitive grâce à une question ou une affirmation imprécise qui le "forcera" à visiter votre site.

Cela peut même ressembler à une sorte d'énigme ou de devinette en rapport avec ce que vous vendez. (Pensez au médecin du film La vie est belle !)

Cette stratégie permet de transformer une newsletter en TEXT-ONLY incluse dans l'email en une page HTML.

Lorsque la newsletter est sur une page du site, il est plus facile d'amener le client sur votre site et de l'inciter à y naviguer.

Surtout, ne vous contentez pas d'une indication du type "Cliquez ici" ! Qui est vraiment intéressé à cliquer là-dessus s'il s'agit d'un email provenant d'un inconnu ? Et même si le prospect vous a reconnu, il faut lui donner une bonne raison de "perdre son temps" à cliquer sur votre hyperlien.

Et n'oubliez pas d'intriguer les bonnes personnes pour les bonnes raisons !

N.B. : N'abusez pas des majuscules pour attirer l'attention dans le titre de l'email ou dans le corps de celui-ci. En langue virtuelle, les mots en majuscule représentent l'équivalent de crier. Beaucoup peuvent y voir de l'agressivité ou un... cri de désespoir pour se faire entendre.

À propos, saviez-vous que certaines journées sont meilleures que les autres pour envoyer des emails publicitaires ? Pour en savoir plus, voyez la Stratégie n° 10.

Comment créer de la curiosité et du suspens sur votre site

Pour décrire un bon thriller, on dit en anglais qu'il s'agit d'un "page turner", c'est-à-dire un livre qui nous force à tourner les pages rapidement.

De la même façon, arrangez-vous pour créer aussi du suspens et de la curiosité pour que vos prospects soient impatients de "dévorer" votre site.

Plus il clique pour passer d'une page web à l'autre, plus il s'expose à votre "influence" et à vos produits. Et plus il risque d'acheter ! (Cf. Stratégie n° 7)

Distillez la dose d'explication goutte à goutte sur votre site

Le prospect est entré sur votre site suite à une recherche ou parce que l'un de vos emails à piqué sa curiosité. Ce n'est pas le temps de satisfaire tout de suite sa curiosité. Maintenez le suspens !

Le prospect avide d'une réponse à ses problèmes est donc comme un drogué en manque de sa dose de solution... Et tout le plaisir de satisfaire sa curiosité est amplifié quand, il est distillé goutte à goutte.

En ligne, c'est très facile à faire.

Ne satisfaites surtout pas la curiosité du prospect sur une seule page web. Mettez à profit le temps d'attente (fût-il très court pour ceux qui ont le haut débit) pour passer d'une page web à une autre.

Sur chaque page, ajoutez quelques nouveaux éléments qui incitent fortement à voir la suite.

Au passage, il faut aussi que le prospect voit d'autres éléments qui l'intriguent et le forceront à revenir faire un tour.

Ces éléments seront de nature publicitaire (prix, offres spéciales, etc.), informative ou récréative.

Dans le cas d'un article en ligne, présentez-le sur plusieurs pages web (quitte à intégrer des illustrations pour le rallonger s'il est court).

Plus un prospect circulera sur votre site, plus il risque d'y faire des achats.

Et plus il a du plaisir à le visiter, plus il a de chance d'y revenir dans un avenir proche pour y acheter quelque chose. (Voyez la stratégie n° 1.)

Formulez de manière ambiguë ou incomplète

Concevez votre site comme s'il agissait d'un magazine à la fois informatif et publicitaire.

Les entêtes de page, les titres des paragraphes, les promesses intrigantes représentent une excellente manière de piquer la curiosité avec les mots.

Cela peut se faire avec des mots tout à fait ordinaires mis dans un contexte inhabituel.

Quelques exemples de mots ou d'expression qui piquent la curiosité :

– un truc infaillible pour... ;

– le mystère de... ;

– une nouvelle méthode pour... ;

– de nouvelles révélations sur... ;

– enfin révélé ;

– toute la vérité sur... ;

– les mythes et les faits ;

– les secrets inavouables de... ;

– ce qu'on vous cache ;

– ce que votre médecin ne vous a jamais dit ;

– mais ce n'est pas tout ;

– mais il y a mieux encore ;

– mais vous n'êtes pas au bout de vos découvertes.

Mettez à profit la typographie et la mise en page

Judicieusement employées, la mise en page et la typographie permettent aussi d'exciter la curiosité de vos prospects.

Vous pourrez notamment les intriguer avec les phrases ou les mots mis en majuscules (mais sans abus !), en caractères gras ou italiques, en couleur, soulignés, ou donnant l'impression d'être surlignés au crayon feutre, écrits à la main, etc.

En attirant l'attention sur certaines parties du texte publicitaire avec des flèches ou des cercles (comme s'ils étaient faits à la main), vous pouvez aussi jouer avec la magie de la curiosité.

Certaines icônes ou courtes animations permettent également d'attiser la curiosité.

Mystifiez ou intriguez avec des images

Notre mental déteste donc ce qui est flou ou incomplet.

C'est oui ou c'est non. C'est ceci ou cela.

Les images ambiguës à caractère sexuel représentent l'exemple par excellence de ce qui peut allumer au maximum de la curiosité.

Bien entendu, tout dépend du sexe et de l'âge de la clientèle à laquelle vous vous adressez.

Vous pouvez aussi utiliser des fragments d'image ou des photos énigmatiques.

Pour être encore plus efficace, n'oubliez pas de placer une phrase intrigante ou une accroche très puissante sous la photo.

Vous pouvez également renforcer la puissance de toute image (à caractère sexuel ou non) en utilisant une stratégie "interdite" qui sera particulièrement efficace pour inciter le visiteur à explorer plus longtemps votre site : l'effet striptease.

Intriguez off-line pour amener les gens sur votre site

Vous habitez dans une petite ville ?

Faites fabriquer une affiche 4x3 où apparaît simplement votre URL en blanc ou en jaune sur fond noir. Puis durant un certain temps (disons au moins 1 semaine), faites-la installer sur un panneau situé à un carrefour très achalandé de votre municipalité. Et c'est encore mieux s'il y a des feux de circulation.

Idéalement, il faut que votre URL soit assez courte. Ou créez-en une secondaire qui renvoie à votre site.

Une telle affiche intriguera sûrement bien des gens, dont plusieurs internautes qui prendront le temps de noter votre URL. Quand ils rentreront chez eux, ils voudront sans doute éclaircir ce mystère.

Cette forme de publicité est typique de la fort efficace stratégie de la guérilla marketing.

Mettez-leur toujours quelque chose sous la dent d'une façon ou d'une autre !

Quand l'écrivain François Mauriac apprit que son ambitieux confrère André Malraux venait d'être nommé ministre des Affaires culturelles à défaut de mieux, il déclara fielleusement qu'on lui avait donné "un ministère à ronger".

De même, à défaut de vendre tout un gigot à votre visiteur, donnez-lui au moins un "os à ronger" sous une forme ou une autre.

Autrement dit, pour que le visiteur achète ou revienne sur votre site, il faudra réellement satisfaire sa curiosité. Arrangez-vous pour qu'il reparte avec au moins quelques renseignements intéressants, un bonus, etc.

Mais il faut qu'il reste quand même – ne fût-ce qu'un peu – sur sa faim.

Mettez un peu de "gras" sur l'os mais pas trop. Juste assez pour le faire saliver et lui donner le goût d'en savoir plus...

Stratégie n° 3
Gâtez vos prospects potentiels... tout de suite
(La loi de la réciprocité)

"Est-ce que celui qui a mangé de la canne à sucre demandera une récompense ?"

Maxime indienne

L'autre jour, j'ai été acheté des pains dans une boulangerie artisanale du coin qui fabrique des produits d'une saveur exceptionnelle. Étant donné qu'un des pains n'avait pas tout à fait la forme standard, la boulangère à insisté mordicus pour me le donner.

Revenu à la maison, j'ai pu constater que ce pain goûtait aussi bon que les autres !

Tout commerçant un tant soit peu malin utilise d'instinct la loi de la réciprocité, dont il sera plus longuement question ci-après.

Dans le domaine de la vente off-line, cette loi se traduit par le fait que des petites faveurs VIP renforcent le lien avec le client et l'incitent à revenir.

En marketing direct, on s'efforce aussi de "gâter" les prospects avec des "cadeaux gratuits", des bonus ou divers avantages. Mais il faut au moins que le prospect prenne le temps d'envoyer son coupon-réponse.

Et puis il faut lui donner le temps de recevoir ses cadeaux gratuits.

En ligne, tout cela peut se faire IMMÉDIATEMENT. Ce qui est d'autant plus pertinent et rentable à l'époque de la GRATIFICATION IMMÉDIATE, du café instantané ou du billet de loterie à gratter.

Grâce à l'internet, le processus de vente ultérieur peut donc s'accélérer considérablement.

Et les résultats de votre "générosité" se manifesteront bien vite dans votre compte en banque.

La loi de la réciprocité

Plus trivialement, on l'appelle le principe du donnant-donnant.

Chez le commun des mortels, personne n'aime se faire toujours donner des choses sans rien donner en retour. (Oublions les psychopathes, les divas ou autres petits monstres d'égoïsme qui croient que tout leur est dû !)

Que ce soit par fierté, sens du devoir ou culpabilité ou même pour des raisons plus nobles, la majorité des gens se sentent obligés de donner quelque chose en échange de ce qu'ils ont reçu. Tôt ou tard. Et sous une forme ou une autre.

Même si c'est un commerçant qui vous offre quelque chose et que vous savez très bien pourquoi il le fait, vous finirez par lui acheter quelque chose.

La loi de la réciprocité est profondément ancrée dans notre nature humaine ! Et plus que d'autres facteurs, elle nous distingue des reptiles...

Être généreux est également un signe de puissance et d'autorité

Depuis les temps les plus anciens, les puissants de ce monde ont toujours rivalisé de générosité quand ils se rencontraient.

Quand on peut offrir quelque chose d'important à l'autre, on lui prouve notre supériorité ou l'importance de notre statut social.

Il en est de même pour les commerçants – off-line ou on-line. Quand vous êtes généreux avec vos clients, vous ne faites pas qu'appuyer sur le "bouton culpabilité" associé à la loi de la réciprocité. Vous leur montrez aussi que "vous avez les reins solides", financièrement parlant. Avec vous, c'est du sérieux...

Ensuite, vous prouvez à vos clients que vous avez totalement confiance en vos produits.

Autrement dit, votre générosité augmente votre cote de crédibilité et d'"autorité" auprès de votre clientèle.

En fait, la générosité est un signe de confiance en soi et envers la vie. Et les autres le sentent bien ! Vous émanez l'énergie d'un arbre fruitier en bonne santé qui donne ses fruits à qui veut bien les cueillir et les manger.

Et plus vous donnez, plus vous recevez

Plus vous vous branchez sur l'énergie d'abondance universelle, plus l'abondance vient à vous.

À l'inverse, plus on "retient" et on se "ferme", moins on est capable de recevoir.

Certains diront qu'il y a un petit côté "new-age" dans ce genre de discours. Mais en pratique, cela marche vraiment à 100 % !

La générosité ne reflète pas seulement votre ouverture de cœur mais aussi celle de votre intelligence.

Comment gâter vos clients en ligne

En ligne, c'est encore plus facile de faire des cadeaux.

Le téléchargement d'un e-book, d'un diaporama, d'un petit logiciel, etc. ne vous coûte strictement rien, mis à part la production initiale.

Et le coût de celle-ci sera très rapidement amorti par une augmentation significative de vos ventes !

L'idéal est de donner une GRATIFICATION IMMÉDIATE à votre visiteur pour le remercier d'avoir pris le temps de visiter votre site une première fois.

Sur le web, il faut toujours agir très vite.

Mais pas n'importe quel cadeau !

Bien entendu, il faut que votre cadeau corresponde à quelque chose qui puisse réellement plaire au client potentiel. Et qu'il ait vraiment de la valeur. Pas de la pacotille !

De plus, il est important que ce cadeau ait un rapport étroit avec ce que vous vendez. Vous créez ainsi une association – à la fois consciente et inconsciente – avec vos produits.

Idéalement, ce cadeau – même s'il se suffit à lui-même – doit donner l'envie d'en <u>avoir</u> plus ou d'en <u>savoir</u> plus.

La règle d'or

En guise de "cadeau gratuit", proposez quelque chose qui pourrait se vendre ! Un copywriter a déjà dit fort justement : "<u>J'ai déjà fait l'erreur d'utiliser comme bonus un produit qui n'avait pas marché. N'oubliez pas ceci : si vous ne pouvez pas vendre un produit, ça ne vous donnera rien de le donner !</u>"

N'abusez pas de la situation !

Dès que le prospect accepte de télécharger un de vos cadeaux virtuel, il n'a pas d'autres choix que de vous donner son adresse électronique. C'est l'équivalent de ce qui se passe avec les cadeaux d'amorçage proposés dans les annonces-presse.

Par ce geste, le prospect vient de s'impliquer et de se soumettre à la loi de la réciprocité. Il ne vous reste plus qu'à battre le fer tant qu'il est chaud. Mais en douceur !

Il est nettement préférable de ne pas vous servir de cette adresse virtuelle pour vous "imposer" en commençant à envoyer plein de publicité comme le font notamment certains sites qui proposent des services gratuits : cartes de souhait, logiciels divers, etc.

Mieux vaut vous faire désirer ! (Cf. Stratégie n° 8.)

Si vous espérez une relation commerciale durable et lucrative, prenez votre temps.

Concentrez-vous sur les "préliminaires". (Oui, cela va à l'encontre de la méthode traditionnelle – mais dépassée – qui consiste à tenter de "closer" une vente au plus vite !)

Par exemple, offrez plutôt au prospect de s'abonner gratuitement – mais "volontairement" – à une newsletter bourrée de renseignements intéressants qui ne sont pas "directement" liés à vos produits.

Bref, informez généreusement avant de vendre.

Et pour cela, il est important que vos informations répondent aux 2 critères suivants :

1. Elles sont vraiment objectives, stimulantes et complètes en soi.

Vos textes doivent ressembler à de vrais articles bien documentés et non à des pubs déguisées !

2. Elles n'exigent aucun achat en partant.

S'il y a des propositions d'achat, elles doivent être très discrètes et mises à la fin en les intégrant dans un hyperlien.

Par contre, vous pouvez vous arranger pour que ces informations soient suffisamment passionnantes pour donner le goût au prospect d'en savoir plus en allant sur votre site.

À la fin de votre email, vous pourriez même ajouter une section "archives" qui énumère vos articles précédents.

Une newsletter d'information ne ressemble donc en rien à une "lettre de vente" conventionnelle.

Mais il convient parfaitement pour introduire "en douce" une multitude de produits et services.

N.B. : Pour encourager un prospect à s'abonner à votre newsletter, proposez-lui de lui envoyer immédiatement le numéro le plus récent.

Il n'est même plus nécessaire d'attirer les prospects avec des bas prix ou des offres spéciales !

Autre avantage de votre "générosité" initiale : en établissant un contact très positif et une complicité avec le client, en vous faisant presque un "ami", vous n'avez plus à jouer simplement sur les bas prix pour l'attirer et le fidéliser.

Un excellent service VIP peut écarter facilement des concurrents qui misent avant tout sur leurs bas prix pour appâter la clientèle.

C'est pourquoi des petits commerçants chaleureux et doués pour la communication peuvent encore battre la froide politique des bas prix de Walmart.

Et cela vaut également pour des sites web commerciaux plus modestes !

Un bon truc pour multiplier vos prospects

Offrez un petit cadeau à vos visiteurs ou correspondants s'ils envoient une carte de souhait personnalisée à un certain nombre d'amis.

Stratégie n° 4
Le sourire "inconditionnel"

Quand je vais en vacances à Bali ou dans les Caraïbes, je suis toujours impressionné par l'enthousiasme et la bonne humeur des commerçants.

Rien à voir avec cette politesse guindée ou ces mines renfrognées ou absentes qu'on voit trop souvent dans nos magasins européens.

De façon générale, dans les zones tropicales ou subtropicales, les marchands sont vraiment "vivants".

On sent qu'ils sont "là" à 100 % quand on leur parle. Ce ne sont pas de simples tiroirs-caisses sur 2 pattes.

Ils mettent tellement d'énergie dans la communication avec leurs clients que, souvent, c'est en soi un "bon show" de les voir essayer de nous vendre quelque chose. "Very good, very good"...

Je me souviens notamment d'un extraordinaire marchand de tapis (au sens littéral) de Mumbai. Il donnait tellement vie à ses tapis qu'on avait l'impression de s'envoler avec lui sur des tapis magiques et de survoler des palais des 1001 nuits.

C'était un véritable "magicien de la vente". Et j'aurais très volontiers acheté un de ses tapis. Malheureusement, je n'avais pas assez de place dans ma valise...

Je me souviens aussi d'un petit commerçant à Bali qui vendait des masques et divers objets provenant de l'artisanat local. En sortant de mon hôtel, il m'arrivait souvent de passer devant sa petite échoppe.

À chaque fois, il me faisait un sourire radieux même si je n'y étais entré qu'une fois. Il ne me proposait rien et se contentait de sourire, en me faisant un signe de la main.

Et à le voir sourire, on aurait dit que tout l'univers me souriait en même temps.

Son sourire était tellement amical et "invitant" que j'ai fini par retourner à quelques reprises pour acheter des objets – d'ailleurs très bien faits. (Tandis que j'écris, j'en ai justement un sous les yeux, sur mon bureau : une de ces fameuses danseuses balinaises qui affiche un sourire digne de la Joconde.)

La magie du sourire peut aussi – et doit – se pratiquer en ligne.

Et comme vous allez voir, elle ne sert pas qu'à vous rendre sympathique !

Une autre façon d'être généreux avec vos clients

Dans la stratégie précédente, il a été question de l'importance d'être généreux avec vos clients. Le sourire "inconditionnel" s'inscrit dans cette approche.

Il y a aussi une forme de générosité dans le fait d'être "patient" avec les prospects potentiels et de rester bienveillant avec eux même s'ils n'achètent rien, même si l'on a passé beaucoup de temps à leur présenter des produits.

Que ce soit off-line ou on-line, les clients apprécient d'être traités comme des êtres humains à part entière et non comme de simples "machines à casquer".

Ils aiment aussi magasiner dans un climat détendu.

Et quand vous souriez – virtuellement ou non -, c'est une façon de leur donner votre "bénédiction", de les mettre à l'aise, de leur dire "prenez votre temps" ou "j'ai tout mon temps".

Et comme ils vous en seront reconnaissants, cela activera les effets de la loi de la réciprocité. (Voyez la Stratégie n° 3.)

L'important, c'est de maintenir un contact positif avec les prospects.

Tous les bons commerçants le savent : le client est toujours roi, même s'il n'achète rien !

Si vous êtes toujours aimable et généreux avec lui, il finira tôt ou tard par acheter. Soyez-en sûr. Qui va lentement va sûrement !

Et vous n'êtes pas seulement plus beau quand vous souriez !

Plusieurs recherches ont été consacrées à l'impact du sourire sur la perception de ceux qui nous regardent :

• Ainsi, lors d'une étude, on a présenté la photographie de visages moyennement attirants en 2 versions : avec et sans sourire.

Chaque participant ne voyait qu'une des 2 versions et devait évaluer 4 facteurs avec des échelles d'attitudes.

De cette étude, il ressortait qu'en "version souriante", la personne était jugée meilleure, plus amicale, plus sociable et <u>plus intelligente</u>. (1)

• Dans une autre étude, la personne souriante était jugée plus sincère, plus sociable et même plus compétente (2) !

---

[1] (□) LAU (S.), "The Effect of Smiling on Person Perception", The Journal of Social Psychology, 1982, vol. 117, p. 63-67.

Non seulement, le sourire vous rend-t-il plus beau, mais il vous permet de projeter des qualités qui augmenteront votre statut social aux yeux de vos prospects !

N.B. : Vous pouvez aussi jouer la carte de la beauté. Preuve scientifique à l'appui !

Premiers conseils pour donner un look vraiment "souriant" à votre site

Voici quelques conseils de base pour "sourire en ligne".

Créez une "présence" en ligne

Quand un prospect "entre" dans votre site (comme on entre dans un magasin), il est important qu'il sente votre personnalité, votre "présence". Même si une bonne partie du site est automatisée !

Tout comme on parle de l'esprit des lieux ou de l'atmosphère d'un commerce ordinaire, un site internet aussi commercial soit-il doit avoir une "âme".

Même si vous n'êtes pas le seul à "tirer les ficelles" sur votre site, efforcez-vous de créer un égrégore chaleureux et positif avec votre équipe !

En magie, un égrégore est un esprit collectif créé par plusieurs sorciers ou sorcières.

Métaphoriquement, on peut employer ce vocable comme synonyme de "cerveau collectif" ou d'"esprit de groupe".

Mettez des photos ou des images de personnes qui sourient

Si vous souhaitez "personnaliser" votre site au maximum, il serait bon de mettre votre photo bien en évidence. C'est comme dans les journaux ou les magazines. Un texte a l'air plus vivant et crédible quand on voit la photo du chroniqueur, du journaliste ou de rédacteur en chef.

Et l'idéal serait que vous souriez en plus ! Mais ne mettez pas n'importe quelle photo de votre sourire. Certains sourires sont plus "performants" que d'autres !

Une étude a comparé l'effet de l'absence sourire par rapport à 3 types de sourire :

• minimal (sans montrer les dents) ;

• large (dents découvertes mais mâchoires jointes) ;

---

[2] (□) REIS (H. T.), McDougal (W.), MONESTER (C.) et al., "What is Smiling Is Beautiful and Good", European Journal of Social Psychologie, 1990, vol. 20 p. 259-267.

• total (dents découvertes mais mâchoires jointes).

Cette étude confirme l'impact positif du sourire par rapport à l'absence de sourire.

Elle montre aussi (faut-il s'en étonner !) que plus un sourire est ouvert, plus l'évaluation qu'on fait de la personne est positive. (3)

Et avec un logiciel de retouche photographique, il est facile de "trafiquer" vos photos pour que votre sourire soit impeccable.

Pas besoin d'aller au dentiste !

Par ailleurs, si vous préférez donner un côté "travail d'équipe", il sera bon d'afficher la photo d'une belle équipe unie où tout le monde sourit de manière convaincante.

Un "sourire collectif" est également un excellent moyen de "faire sourire" votre site de vente tout en lui donnant encore plus de crédibilité.

Des photos de clients heureux utilisant vos produits seront aussi très rentables. Bien entendu, l'idéal est de pouvoir indiquer leur nom (et leur titre) en dessous de la photo, avec un court commentaire positif.

Mais l'important est de présenter au moins une photo d'une personne en train de sourire.

Une touche d'humour, un zeste de fantaisie

Dans le mot "sourire", il y a le mot "rire".

Sourire virtuellement, c'est aussi donner une touche de légèreté et de fantaisie à votre site.

Il ne faudrait pas que votre "sourire virtuel" soit trop formel, convenu ou amidonné ! (Tout le visage doit sourire et rayonner, de bas en haut !)

Le sourire est une manifestation évidente de votre attitude bienveillante. Mais cette bienveillance peut aussi se traduire par des petites touches d'humour ou de légèreté.

Par exemple, 1 ou 2 dessins humoristiques suffiront à créer une forme de "chaleur virtuelle".

Et un simple "smiley" jaune peut déjà faire toute une différence sur une page d'accueil !

---

[3] (□) OTTA (E.), ABROSIO (F. E.) et LENEBERG-HOSHINO (R.), "Reading a Smiling Face : Messages Conveyed by Various Forms of Smiling", Perceptual and Motor Skills, vol. 82, p. 1111-1121.

Par email aussi !

Une photo de vous-même ou d'un(e) associé(e) souriant de toutes vos dents fera aussi des merveilles quand vous prospectez par email.

Dans une étude de Nicolas Guéguen, on a envoyé un email à des inconnus pour qu'ils répondent à un questionnaire de 45 questions portant sur leur comportement alimentaire.

Une photo du demandeur était intégrée dans le mail et le montrait soit affichant un large sourire, soit souriant minimalement.

Le taux de réponse s'est révélé plus élevé avec la photo où il faisait un large sourire. (4)

[4] (□) GUÉGUEN (Nicolas), 100 petites expériences en psychologie du consommateur, Éditions Dunod, Paris, 2005, p. 211.

Stratégie n° 5
L'émo-marketing (comment "toucher" virtuellement)

"Ce n'est pas l'homme qui a tissé la toile de la Vie. Il n'en est qu'un fil. Tout ce qu'il fait à cette toile, il le fait à lui-même."

Le chef amérindien Seattle

Consciemment ou non, qu'ils aient ou non un tempérament plus latin que d'autres, certains vendeurs vous toucheront – physiquement – pendant que vous êtes dans leur magasin. Et ils ont bien raison, car cela augmente les ventes de manière significative !

Comment faire alors dans le web ?

Sur le web, vous pouvez en faire autant avec le "toucher virtuel" en utilisant l'extraordinaire potentiel de l'émo-marketing, c'est-à-dire de la vente par l'émotion.

Du corps physique au corps "émotionnel"

Des études en marketing démontrent l'impact positif du toucher sur les ventes. C'est ce qu'on appelle l'influence du contact tactile.

Commençons par une étude de J. Hornik effectuée lors de soldes dans un grand magasin.

De faux employés (hommes ou femmes) touchaient ou non pendant 1 à 2 secondes un petit catalogue proposant des produits en promotion.

Cette procédure a permis d'observer les 3 effets suivants chez les clients dont on avait effleuré le bras :

- ils ont passé plus de temps dans le magasin (22,11 minutes plutôt que 13,56 minutes) ;
- ils ont fait plus d'achats (15,03 $ au lieu de 12,23 $) ;
- ils ont donné une meilleure note d'évaluation pour le magasin (3,2 par rapport à 2,1). (5)

---

[5] (□) HORNIK (J.), "Effects of Physical Contact on Customers' Shopping Time and Behavior", Marketing Letters, 1992, vol. 3, p. 49-55.

Plusieurs recherches en marketing vont dans le même sens.

Par exemple, dans une étude, environ 2 fois plus de clients ont acheté une pizza si le démonstrateur les touchait quand il leur proposait un échantillon à goûter.

Une étude a même montré qu'un bref contact tactile a une influence plus déterminante sur l'évaluation positive d'un restaurant que la qualité de la nourriture ou la rapidité du service ! (6)

La bonne nouvelle, c'est qu'il est possible aussi de "toucher" les clients en ligne. Et je ne parle pas d'une technologie érotique de science-fiction avec des senseurs tactiles fixés sur les internautes !

Il s'agit simplement de toucher le corps émotionnel du prospect avec certains mots "magiques" et diverses manipulations psychologiques

Encore plus important à l'heure du WEB 2. 0 !

Plus haut, il a été question du WEB 2.0 (Stratégie n° 1) et du fait qu'il va favoriser le développement de réseaux sociaux autonomes et autogérés par les internautes eux-mêmes. Actuellement, comme par exemple : AdSense (Google), AgoraVox, Del.icio.us (Yahoo !), Facebook, MySpace, Netvibes (portail), Pikeo (photo), Wikio (moteur de recherche d'information), Wikipédia, YouTube (Google).

En plus d'être plus performant sur le plan technologique, ce WEB 2.0 sera donc également plus "émotionnel".

C'est une tendance très forte qui va nécessairement s'amplifier. Et ce, pour une raison bien simple.

Le web est une immense machine, donc potentiellement déshumanisante. Pour avoir l'impression d'être autre chose qu'un ordinateur biologique utilisant un ordinateur machine, les internautes souhaiteront avoir de plus en plus d'interactions émotionnelles avec tous ceux avec qui ils entrent en contact sur le web.

Peu importe que ce soit pour les raisons personnelles, professionnelles ou commerciales.

Ce n'est pas pour rien qu'on trouve maintenant sur le web toute une panoplie de "smileys" ou d'"émoticons", qui peuvent même s'animer.

S'il est vrai que d'un côté, l'usage de l'internet risque d'isoler davantage l'être humain, il lui offre aussi la possibilité de multiplier les contacts de toutes sortes. De plus, la polyvalence de ce

---

[6] (□) LYNN (M.), "Restaurant Tips and Service Quality : a weak Relationship or Just Weak Measurement", International Journal of Hospitality Management, 2003, vol. 22, p. 321-325.

média lui permet de vivre dans une atmosphère d'enthousiasme collectif et contagieux, de ressentir des émotions nouvelles ou rares.

Cliquez, c'est aussi interagir avec d'autres. On clique pour que ça clique avec d'autres.

Sur la Toile, tout est inter-relié comme les fils d'un tissu.

Visualisez-vous "touchant" le client

Vendre, c'est avant tout communiquer, créer une interaction émotionnelle entre vous – en tant que vendeur – et votre client.

Ce n'est pas si différent d'une relation habituelle entre 2 personnes. Et il en va de même pour le commerce en ligne.

Surtout qu'avec l'usage grandissant du web, l'internaute ressent encore plus le besoin d'une interaction émotionnelle avec ceux qui entrent en contact avec lui. Peu importe que ce soit pour des raisons commerciales ou non.

Plus vous pourrez répondre – dès maintenant – à ce besoin fondamental, plus vous serez en avance sur vos concurrents !

Voici comment faire :

- Sentez la proximité physique du client, comme si vous étiez en face de lui. Imaginez-vous même en train de toucher votre prospect type, de lui serrer la main, de lui mettre une main sur l'épaule, etc. !

- Essayez aussi de ressentir – physiquement et émotionnellement – ce qu'il ressent vraiment par rapport au problème auquel vous voulez lui apportez une "solution".

  S'agit-il d'un problème concernant sa santé, l'état de sa maison, sa sécurité, sa situation professionnelle ou financière, son estime de soi, sa vie sexuelle, etc. ?

  Sentez son malaise, sa fatigue, sa frustration, sa tristesse, son angoisse, mais aussi ses espoirs, ses rêves, etc.

- Comme un acteur professionnel, allez chercher en vous un souvenir qui peut réveiller certaines sensations ou émotions.

- Faites aussi l'effort de vous "visualiser" – et <u>de manière très claire</u> – EN FACE du prospect cible, puis À SA PLACE.

  Alternez les 2 positions, comme s'il s'agissait d'une conversation en face à face. Imaginez aussi certains contacts physiques.

Voilà donc le grand secret pour développer une véritable empathie avec vos prospects : VRAIMENT entrer dans leur peau même si c'est douloureux sur le coup !

En procédant ainsi, les mots pour toucher virtuellement votre prospect cible viendront bien plus facilement. Comme disait le poète Boileau :

"Tout ce qui se conçoit bien s'énonce clairement
Et les mots pour le dire viennent aisément."

Et soyez sûr que, d'une manière ou d'une autre, vos prospects sentiront une main invisible ou virtuelle qui les touche !

Liste des mots qui font clic

Dans la vie courante, quand vous entendez au téléphone, de simples mots comme "imbécile", "je t'aime" ou "je ne t'aime plus" peuvent vous faire bondir, vous réjouir ou vous attrister. Pourtant, ce ne sont que des sons retransmis par voie électronique qui n'ont pas la réalité de ceux produits par la voix humaine.

Dans une autre langue, ces groupes de sons pourraient même signifier autre chose !

En ligne, vous avez affaire à un phénomène du même genre : vous lisez des mots qui sont des abstractions virtuelles. Cependant, certains vous "toucheront" plus que d'autres. Peut-être même sont-ils tout à fait anodins, mais ils produisent un effet qui n'a rien d'anodin...

2 suggestions

▪ Quand votre cerveau a un "bug" ou "gèle", relisez cette liste. Cela vous permettra facilement de vous "remettre le cerveau en marche".

▪ Prenez un paquet de petites fiches et écrivez (ou demandez à votre secrétaire de le faire !) tous ces mots sur une fiche.

Quand vous êtes en panne, fermez les yeux et prenez quelques respirations profondes. Puis en écoutant le plus possible votre intuition, tirez une ou plusieurs cartes.

L'idéal, c'est de laisser votre main choisir spontanément les cartes, comme si votre subconscient en prenait totalement le contrôle.

Important : quand vous tirez plusieurs cartes, ne les retournez pas tout de suite ! Cela pourrait influencer le tirage des autres cartes.

Inventez une convention de tirage qui vous servira de RITUEL D'INSPIRATION.

Avec ces cartes, vous pouvez faire une croix, un cercle, etc.

La combinaison de plusieurs mots peut vous donner l'idée d'un nouveau mot, d'un slogan, d'un concept, etc.

Expressions particulières

Le nom de certaines professions ou de certaines personnes touchent aussi plus que d'autres. Leur "puissance persuasive" vient de l'autorité naturelle qui s'en dégage.

Par exemple :

– les trucs du Vieux Pharmacien ;

– les recettes de tarte (ou les remèdes) de grand-maman, etc.

Mais vous pouvez aussi créer un effet d'autorité avec une expression aussi simple que "Je vous recommande..."

Même si vous prêchez pour votre paroisse !

Focalisez sur le "pouvoir" des mots et non sur leur "beauté"

Dans un texte publicitaire, certains mots ont plus d'impact que d'autres. Ce n'est pas seulement leur agencement particulier avec d'autres qui leur donne du "pouvoir".

Je me souviens d'avoir lu que, traditionnellement, en Afrique, il n'existait pas comme tel de mots pour dire qu'un objet – une statuette, par exemple – était "esthétiquement beau" dans le sens occidental.

On disait de la statuette qu'elle avait du "pouvoir" ou de la "puissance". Ce genre d'objet a généralement une fonction magique ou religieuse.

En publicité, c'est la même chose. L'important est que le message publicitaire ait du "pouvoir", de la "puissance", qu'il fasse vibrer, qu'il appuie sur le bon bouton.

Tant mieux si, en plus la pub est "belle".

Même un mot tout à fait anodin peut avoir énormément de "pouvoir" dans un certain contexte.

Prenez le prospect ou le client par la main

L'expression "prendre la main" reflète une attitude très conviviale, très personnelle, qui s'adapte à chaque instant en fonction de ce qu'expérimente ou ressent la personne.

Une telle attitude, ou un tel état d'esprit, est une autre façon de "toucher" le prospect.

S'il sent que vous l'"accompagnez" pas à pas dans sa démarche pour s'informer sur vos produits, vous lui donnez l'impression qu'il ne fait pas affaire avec un simple logiciel d'auto-réponse.

Dans la Stratégie n° 6, vous trouverez diverses techniques pour créer une interaction vivante ou une complicité entre 2 personnes.

Par exemple, saviez-vous que cela fait toute une différence si la "personne" qui répond au client par email a le même prénom que celui-ci !

D'autres moyens de "toucher" le prospect en ligne

▶ La technique du **pied-dans-la-bouche** (Stratégie n° 12) est une façon simple de "toucher" le prospect en quelques mots.

▶ Il y a **des images "qui font clic"**. Avec des images qui réveillent de fortes sensations ou impressions (émouvantes, attirantes, intrigantes, etc.), vous pouvez "toucher" plusieurs cordes sensibles.

▶ Il y a aussi **des chiffres qui font clic**. La magie de certains chiffres est très puissante – tout comme d'ailleurs le signe du pourcentage.

▶ Pour "être touché", c'est très efficace de toucher soi-même le produit. Comme Saint-Thomas qui a besoin de toucher pour croire ! Faites "toucher" le produit virtuellement avec des **démonstrations en ligne**.

▶ Parlez aussi AU PRÉSENT. Par exemple, ne dites pas "vous pourrez constater" mais plutôt "comme vous pouvez le constater". Le présent est concret. Le futur reste plus ou moins abstrait. The future is now. C'est là une des applications possible de la stratégie "interdite" des **ordres cachés**.

Cette stratégie du "toucher virtuel" peut donc s'appliquer de plusieurs façons. Mais gardez à l'esprit qu'il est d'autant plus important de "toucher" les clients que vous faites affaire avec eux par l'intermédiaire de "robots" ou de "machines".

Tout le défi est d'humaniser ce nouveau média comme on l'a fait avec le téléphone. Après tout, ce n'est pas si différent. La voix que vous entendez au bout du fil est une voix virtuelle et, pourtant, elle semble tellement réelle...

Stratégie n° 6
Soyez le plus possible "perso"

Mollah Nasrudin entre un jour dans une boutique. Il dit au propriétaire qui se dirige vers lui :

– "Avant toute chose, m'avez-vous entré dans votre boutique."

– "Bien entendu", lui répond le commerçant.

– "M'avez-vous déjà vu auparavant ?"

– "Jamais de la vie !"

– "Alors comment savez-vous que c'est moi ?"

L'anonymat technologique grandissant pousse les consommateurs à personnaliser les "machines" qu'ils utilisent quotidiennement : téléphone portable avec une sonnerie distinctive, écran de veille original pour leur ordinateur, personnalisation de l'arrière-plan des emails ou de la navigation sur un site, etc.

Et bien sûr, ils apprécieront que vous vous adressiez à eux comme s'ils étaient de "vraies personnes".

La stratégie qui précède est une première façon de "personnaliser" le contact avec le client. Mais les possibilités des logiciels d'auto-réponse permettent maintenant d'aller encore plus loin.

Ceux-ci vous donnent la possibilité de vous adresser encore plus "personnellement" au client. Il y a moyen d'aller beaucoup loin qu'un simple "Cher Ami Client" ou "Cher Jean-Paul". Et c'est formidablement plus efficace !

Sur le web, le direct mail est en train de devenir du "superdirect mail" (Cf. Stratégie n° 9). À l'insu des clients, il est possible de retracer leurs habitudes de vie, de consommation ou de navigation. Et donc d'atteindre de plus en plus la cible avec la précision d'un "tireur d'élite".

Et à l'heure du web 2.0, c'est une tendance qui ira de plus en plus en s'accentuant. Rien ne "touche" plus que le consommateur que de sentir visé... personnellement.

Les choses ont beaucoup évolué sur le web pour personnaliser les réponses

Ceux qui sont inscrits à Gmail (le service de courrier électronique gratuit de Google) et qui utilisent un portable reçoivent sur celui-ci des pubs personnalisées en fonction de l'endroit où ils se trouvent et du contenu de leurs emails.

Par exemple, un père de famille vient d'envoyer un email à l'un de ses enfants où il dit qu'il est parti chercher une nouvelle chaîne hi-fi pour la famille. En cours de route, en fonction de l'endroit où il se trouve, il pourrait éventuellement recevoir une publicité lui indiquant que, justement, il y a un magasin pas très loin qui en vend à un prix très intéressant.

Cela donne une bonne idée de la tendance que prend le marketing virtuel !

Avec l'évolution de la technologie, les possibilités de personnaliser les "contacts" virtuels vont augmenter jusqu'à des niveaux qu'on imagine à peine.

Et déjà, avec les technologies existantes, vous pouvez faire beaucoup.

Grâce notamment aux cookies, aux bases de données marketing (BDDM) qui peuvent s'acheter ou se créer, à divers logiciels spécialisés ou à vos propres enquêtes en ligne, il y a moyen de connaître les préférences et certaines caractéristiques de vos prospects.

L'illusion du "perso" vaut mieux que pas de "perso" du tout

Même si le consommateur sait que tout cela est le résultat d'un logiciel d'auto-réponse ou de diverses stratégies informatiques, il ne peut s'empêcher de "sentir" quelque chose qu'il aime bien ou le fascine plus que tout : lui-même.

Après tout, on voit notamment au Japon des adultes qui adoptent des chiens robots et qui s'émeuvent de l'entendre aboyer quand ils reviennent à l'appartement !

Des preuves d'efficacité

Faut-il s'en surprendre, quand le consommateur a le choix, il est plus porté à acheter un produit dont le nom ou le prénom ressemble au sien.

Lors d'une étude, des chercheurs (7) ont fait goûter 2 thés ayant un nom composé de 6 lettres. Les participants étaient divisés en 2 groupes. Or l'un des 2 thés que devaient goûter ceux du 1er groupe portait un nom de marque dont les 3 premières lettres correspondaient au prénom de chacun d'entre eux.

---

[7] (□) BRENDL (M. C.), CHATTOPADHYAY (A.), PELHAM (B. W.), CARVALLO (M.) et PRITCHARD (E. T.), "Are brands containing name letters preferred", Advances in Consumer Research, 2003, vol. 30, p. 151-152.

Par exemple, un prénommé Charlie se voyait proposer un thé de marque Chaley.

Après la dégustation, on proposait aux participants d'amener un échantillon de leur thé préféré.

Et le résultat ?

Ceux du 1er groupe ont apporté le thé dont la marque ressemblait à leur prénom !

Imaginez alors ce qui se passe quand un client reçoit un email signé par un correspondant qui porte le même prénom que lui !

3 fois plus de résultats !

Vous avez déjà vécu cette situation. Lors d'un événement quelconque, 2 inconnus se présentent l'un à l'autre.

Le premier dit : "Enchanté, je m'appelle Jean."

Et le second répond avec un grand sourire : "Oh moi, moi aussi je m'appelle Jean, enchanté également. Ce ne sera pas difficile de retenir votre prénom."

Tandis qu'ils se serrent la main, une familiarité ou une connivence naturelle s'établit entre eux.

Les "Jean" souriront et se parleront plus spontanément que s'ils avaient eu un prénom différent.

Il y a même une certaine drôlerie dans la situation qui détend encore plus la situation.

Sur le web, vous pouvez reproduire cette magie de la familiarité avec un logiciel d'auto-réponse qui envoie un email où le signataire utilise le même prénom que le client !

Au moins une étude montre à quel point c'est efficace.

Il s'agissait de savoir combien d'internautes répondraient à un questionnaire portant sur leurs habitudes alimentaires. Ceux-ci ne connaissaient pas qui les sollicitaient.

Le demandeur se présentait comme un(e) étudiant(e) faisant des recherches pour un travail universitaire. Et selon le cas, il se présentait ou non avec le même prénom que la personne sollicitée.

Or quand les 2 prénoms étaient identiques, il y avait 3 fois plus de réponses ! (8)

---

[8] (□) GUÉGUEN (N.) et JACOB (c.), "Similarité entre personnes et influence : l'impact de la similarité du prénom lors de la sollicitation d'un prénom par e-mail", 6e Colloque international de psychologie appliquée, Grenoble, PUG, p. 148-150.

Comment établir un profil "perso" de vos visiteurs

Quand un prospect s'inscrit sur un site, on lui demande souvent de remplir un formulaire où il doit donner divers renseignements personnels : âge, profession, nationalité, revenus, hobbys, préférences diverses, etc.

C'est là-dessus que les sites commerciaux se basaient pour établir un profil client.

Malheureusement, ces données sont souvent en partie fausses. Craignant d'être trop sollicités ou "fichés" par des individus peu recommandables, bien des clients modifient une partie de leurs renseignements personnels. (Sans doute en avez-vous fait autant par prudence !)

De nouvelles techniques ont donc été mises au point pour profiler les habitudes de navigation des acheteurs potentiels. Elles permettent de retracer les patterns de navigation sur le web et de prédire ce qui intéressera ou non les consommateurs dans l'avenir.

Entre autres, on peut dresser un portrait-robot d'un certain type de consommateurs en examinant les informations et les comportements d'un groupe de personnes qui ont en commun une ou plusieurs caractéristiques.

Avec certains logiciels, il est possible de retracer la succession des hyperliens, c'est-à-dire le chemin qui a mené un consommateur vers un site web.

De même, le nombre de fois où les internautes cliquent sur une bannière fournissent aussi de précieuses données pour personnaliser des campagnes publicitaires en fonction des préférences et des habitudes de navigation de la clientèle visée.

D'autres moyens de personnaliser la communication

Utilisez aussi les renseignements obtenus par vos enquêtes en ligne.

Lorsqu'un client a déjà fait certains achats et qu'un lien de confiance s'est établi, il répondra plus volontiers – et plus sincèrement – à des enquêtes.

Vous pouvez aussi donner l'impression au client que vous le "comprenez" intimement.

C'est là un moyen très puissant de communiquer émotionnellement avec le prospect.

À tout le moins...

À défaut d'avoir le prénom et le nom du prospect, évitez les généralités du type "Cher Client" ou "Cher Ami".

Ciblez au moins, de la manière la plus spécifique possible, le groupe auquel s'identifie le prospect. Cela crée déjà une forme de familiarité.

Dites par exemple : Cher Bricoleur, Cher Amateur de..., Cher Jardinier, etc.

N.B. : Si vous travaillez avec une approche hard selling, il vaut mieux aller droit au but si vous ne disposez pas d'informations précises sur les caractéristiques du prospect.

Oubliez les "formules de politesse" du genre "Cher Client" ou "Chère Madame".

Le consommateur moderne préfère une communication simple et sincère. Si ça sonne faux ou automatisé, le prospect se méfiera.

Quand vous adoptez une approche "perso", arrangez-vous pour avoir l'air crédible.

Stratégie n° 7
Impliquez-les avec des clics

Tout le monde connaît le fameux Rapport Popcorn de Faith Popcorn. Même si elle a ses détracteurs, la "prophétesse" américaine du marketing (qui n'a rien d'une Cassandre qu'on n'écoute pas) a souvent vu juste, et notamment quand elle a publié Clicking.

Le consommateur du futur cliquera de plus en plus. D'ors et déjà, on peut déjà dire qu'il clique comme il respire...

Tout comme la souris de laboratoire qui a été conditionnée à appuyer sur un bouton pour obtenir une récompense (nourriture, drogue, etc.), le consommateur sait qu'en cliquant sur sa souris, il obtiendra toujours quelque chose de l'ordinateur. Et plus il sera "drogué" au haut débit, plus il voudra l'avoir rapidement tout cuit dans le bec.

Ce réflexe conditionné se renforcera de plus en plus avec le temps. (9)

En tant que vendeur en ligne, c'est un comportement-réflexe que vous pouvez exploiter pour RENFORCER l'interaction que les visiteurs établissent avec votre commerce électronique.

En les faisant cliquer, vous les impliquez émotionnellement et intellectuellement par rapport à vous.

Ce que veut le nouveau spectateur-consommateur moyen

On a déjà beaucoup parlé du spectateur-consommateur moyen du type "coach potato" (littéralement : "patate de divan") qui regarde passivement la TV comme une vache qui regarde passer le train.

Mais ce modèle tend à disparaître rapidement.

Il veut maintenant plus d'interaction et plus de nouveauté.

---

[9] (□) Désormais, ce réflexe est renforcé dès le plus jeune âge chez le consommateur moyen. Et on sait que les impressions liées à l'enfance sont particulièrement déterminantes pour créer des empreintes durables qui influenceront la personne toute sa vie.

Plus d'interaction

De plus en plus, le spectateur-consommateur moyen veut une certaine interaction avec ce qu'il voit à l'écran. Et même s'il reste assis, il tient difficilement en place.

En particulier, ses doigts le démanchent, comme les vieux arabes qui égrènent un chapelet ou les Occidentaux qui mâchent du chewing-gum.

Quand il ne zappe pas devant sa TV, il clique sur sa souris ou tape sur son clavier d'ordinateur, ou utilise sa manette de jeu vidéo.

À défaut d'être réellement actif physiquement, l'ex "coach potato" est – au moins – devenu interactif.

Il veut s'impliquer ou participer d'une manière ou d'une autre : voter dans une émission de téléréalité pour une personne de son choix (Star Academy, etc.), donner son avis par email, cliquer pour choisir la langue du film d'un DVD, cliquer pour aller voir les nouvelles (de son choix !) en ligne, etc.

Ce faisant, le spectateur-consommateur moyen se met spontanément à l'heure de la fusion de la TV et de l'internet, où les écrans de TV et d'ordinateur ne feront plus qu'un.

Des produits publicisés ou créés par les clients eux-mêmes

Le refus de la passivité va de plus en plus loin chez le consommateur. Et les publicitaires l'ont bien compris !

Plutôt que d'imposer des campagnes publicitaires pour vendre des produits, des marketeurs impliquent de plus en plus les prospects dans la création de campagne "sur mesure".

Ils ouvrent même des forums en ligne pour que les prospects puissent discuter entre eux.

Ce principe d'interaction des prospects sert également à impliquer ceux-ci dans la création de nouveaux produits parfaitement formatés pour la niche qu'ils représentent.

C'était une tendance qu'on pouvait déjà observer dans le beta-testing de logiciels spécialisés. Mais cela est en train de s'étendre à bien d'autres produits.

À l'ère du consommateur passif qui se faisait IMPOSER des produits succède celle du consommateur actif qui PARTICIPE à la création des produits qu'il veut acheter.

Par exemple, **Nokia** a proposé à ses clients d'aller sur son site pour personnaliser eux-mêmes leur mobile 3510 (couleur de la coque, dessin et texte du fond d'écran). Résultat de l'opération "Original Graffiti" : les ventes de ce modèle ont grimpé de 30 %. Pourtant, on avait commencé à déréférencer ce mobile en grande distribution !

Et sur le site **NikeID**, les amateurs de sneakers peuvent personnaliser les différents modèles.

Une tendance très Web 2.0 ! (Voyez plus haut.)

Plus de nouveauté

À la radio, j'entendais récemment un producteur de disques de musique classique qui s'élevait contre le fait qu'on produit de plus en plus des disques thématiques proposant des suites d'extraits alternant musique de grands compositeurs classiques, jazz, chansons, etc.

Sur le fond, il a raison. On devrait pouvoir écouter des œuvres dans leur totalité, jusqu'à la fin. Mais il n'en reste pas moins que la plupart des êtres humains ont une capacité d'attention TRÈS limitée.

C'est une tendance lourde qui va aller en s'amplifiant, car notre "espace-temps" ne cesse de se rétrécir comme peau de chagrin.

Avec le zapping et le clicking, la TV et l'internet renforce l'agitation et l'impulsivité du consommateur, son besoin de "grouiller" et de voir sans cesse du nouveau.

Pour le nouveau spectateur-consommateur, cliquer c'est donc bouger et voyager mentalement.

De sédentaire, il est devenu nomade... dans sa tête. Il a l'âme d'un explorateur qui découvre le "nouveau monde" de l'espace virtuel !

Plus ça clique, plus ça cliquera, et plus ça cliquera avec vous...

En satisfaisant ce besoin d'interactivité et de nouveauté perpétuelle sur votre site, vous multipliez vos chances d'attirer et de fidéliser des visiteurs mais aussi de les "convertir" en acheteur.

Distrayez-les, occupez-les en les faisant cliquer sur des boutons, des images ou des icones, dérouler des menus, ouvrir des fenêtres.

Cliquer, c'est une façon d'affirmer leur illusoire liberté de choix, d'avoir l'impression de contrôler leur vie en contrôlant ce qu'ils voient ou entendent.

Et cela leur donne beaucoup de plaisir ! Il s'agit maintenant de faire en sorte pour que les visiteurs associent de plus en plus ce plaisir à VOTRE site.

Cliquer conditionne le subconscient

Cliquer, c'est comme enfoncer un clou. Plus ça clique, plus ça va cliquer dans les profondeurs du subconscient.

On pourrait aussi comparer ce geste au fait de répéter une routine de travail ou d'exercice, un mantra ou une formule de suggestion mentale.

En ce sens, le geste de cliquer est une forme d'hypnose ou d'autohypnose.

Cela représente aussi une forme de "conditionnement opérant".

Quand on se promène assez longtemps sur un site ou qu'on s'y rend souvent, on finit par associer le geste physique de cliquer sur ce site au plaisir qu'on a de fréquenter ce site.

Plus une certaine action génère du plaisir, plus on tend à la répéter – comme un rituel.

C'est ainsi que, peu à peu, un réflexe conditionné positif peut se créer PAR RAPPORT À VOTRE SITE.

On pourrait aussi comparer ce réflexe à une sorte de "cookie neurologique" qui s'installe dans le subconscient. Généralement, les gens vont là où ils ont pris leurs petites habitudes, là où ils se sentent comme chez eux. Même s'il s'agit d'un site internet.

Cliquer satisfait aussi un besoin d'interaction émotionnelle

Comme vous avez pu voir plus haut (Stratégie n° 5), l'être humain cherchera de plus en plus à humaniser l'univers robotique du web.

Et comme il se sent souvent isolé ou qu'il s'ennuie mortellement, il cherchera aussi à s'intégrer dans des réseaux sociaux en ligne.

Cliquer, c'est donc aussi interagir avec d'autres ou se faire "toucher" virtuellement.

On clique pour que ça clique avec d'autres. Et pour "s'occuper"...

Voici donc d'autres moyens sûrs pour amener le prospect à interagir et s'impliquer avec vous :

- Impliquez-le pour voir des "démonstrations" du produit sous la forme de photos, de vidéos, d'animation, etc. Votre visiteur peut aussi cliquer sur un élément d'une machine ou d'un dispositif virtuel pour le faire marcher, faire apparaître des cadrans, accélérer ou réduire sa vitesse, etc.

- Impliquez-le en lui demandant des photos ou des vidéos-témoignages liés à vos produits. Et "renforcez" sa bonne volonté avec des promesses de cadeaux, de tirages, etc. Grâce à la "loi de la réciprocité", vous pouvez établir une forte connexion avec votre prospect. (Cf. Stratégie n° 3)

▪ Impliquez-le émotionnellement en l'encourageant à participer à des discussions en ligne sur des forums ou des blogs ou en créant un cercle fermé de membres VIP.

▪ Impliquez-le aussi avec les **enquêtes en ligne**.

▪ Impliquez le plus possible l'acheteur potentiel dans le processus d'achat. La démarche virtuelle pour choisir les produits, s'informer sur ceux-ci, voire les personnaliser, puis compléter le processus d'achat lui donne l'impression de vivre en temps réel. Comme s'il était dans un "vrai" magasin...

Étant donné que le cerveau ne fait pas vraiment la différence entre la réalité et son idée de la réalité, le fait de "circuler" sur votre site recrée la sensation de se promener dans les allées d'un magasin off-line.

Le cliquage RECADRE aussi la procédure d'achat en une sorte de jeu vidéo et lui confère une dimension ludique.

C'est donc une autre façon de transformer votre site en lieu de plaisir interactif. (Cf. Stratégie n° 1)

Enfermez le prospect dans un "circuit fermé" de clics

Pensez à ce qui se passe avec un nouveau dictionnaire bourré de renseignements portant sur un sujet qui passionne le lecteur : histoire du cinéma, de la science-fiction, de la musique rock, etc.

S'il a un peu de temps devant lui, le lecteur va se mettre à naviguer d'un bout à l'autre du dictionnaire en se laissant guider par sa curiosité et les nombreux renvois.

Comme on le fait sur le web avec les hyperliens.

Arrangez-vous donc pour créer un "circuit" d'hyperliens internes qui gardera le visiteur à l'intérieur de votre site pour lui faire découvrir une multitude de renseignements, d'informations pratiques ou d'anecdotes en relation avec vos produits ou services.

Il ne faut surtout pas qu'il sorte trop vite de votre site ! Si vous pouvez maintenir indéfiniment sa curiosité en éveil, il restera "scotché" sur votre site – de la même façon qu'un lecteur n'arrive pas à s'arracher à son nouveau dico.

Il s'agit donc d'abord d'une façon d'impliquer le visiteur à la fois émotionnellement et intellectuellement pour qu'il crée un "lien" avec votre site, bref pour qu'il s'y "attache". Mais en se promenant librement sur votre site, il peut aussi voir vos produits et vos offres, bref mieux vous connaître. Et tôt ou tard, il achètera.

Pas de suicide virtuel !

Pour que l'internaute reste un certain temps sur votre site, il est essentiel que sur votre page d'accueil ne figurent pas d'hyperliens direct vers d'autres sites – qu'il s'agisse ou non de sites marchands.

C'est une règle d'or pour un site marchand ! Et ne pas la respecter équivaut à un suicide virtuel !

Si vous faites partie d'un réseau de sites (10), les hyperliens des "sites amis" doivent apparaître sur une page secondaire assez éloignée.

À moins bien sûr que vous ne vouliez jouer le rôle d'un simple portail de produits et services divers !

Mais attention !

Cliquer, cliquer, oui mais... Cela ne signifie pas qu'il faille pour autant compliquer la tâche du prospect en transformant le processus de paiement en un parcours du combattant...

Simplifiez au maximum le processus d'achat !

---

[10] (□) À propos du net linking, voyez la Stratégie n° 8 (Mieux vaut vous faire désirer)

Stratégie n° 8
Mieux vaut vous faire désirer

"Ce n'est pas une perceuse qu'ils veulent, c'est un trou."

Que ce soit dans la vie courante ou dans le commerce, celui qui s'impose doit faire des pieds et des mains pour plaire... Mais l'idéal est de se faire désirer sans s'imposer.

Sur le plan commercial, cette manière de procéder présente 2 gros avantages :

• c'est vous qui contrôlez la situation de vente et vous avez donc une plus grande marge de manœuvre pour fixer les conditions d'achat ;

• vous ne lassez pas les prospects par des sollicitations répétées.

Voici quelques conseils pour appliquer cette stratégie.

Pourquoi il vaut mieux que ce soit le client qui vous trouve...

Quand un prospect vient à vous, il risque plus d'acheter que si c'est vous qui allez à lui. Pas besoin de mettre le paquet pour le "persuader" !

Quand un prospect vous trouve, c'est qu'il vous cherche. Et s'il vous cherche, c'est qu'il a un problème à résoudre. Qui plus est, il risque sans doute d'être pressé de le résoudre. Il a donc déjà commencé à délier sa bourse.

Avec ce type de prospect, vous pouvez aller droit au but pour aborder la question du prix et des modalités de paiement.

Et un client pressé regarde moins les prix !

N.B. : Même un achat compulsif pour se calmer les nerfs est une forme de solution. C'est l'achat-médicament !

Communiquer ne signifie pas harceler

Un artiste (chanteur, écrivain, etc.) ou un intellectuel a intérêt à éviter la surexposition médiatique volontaire. Des apparitions ou des interviews à répétition dans les émissions de variété ou les talk-shows finissent par lasser les spectateurs.

Il faut savoir se faire désirer sous peine de devenir une caricature de soi-même.

C'est la même chose pour le marketing direct on-line.

Rien n'est plus néfaste que la "surexposition" imposée de force par le vendeur lui-même !

Si vous désirez devenir un joueur important sur le web et établir une relation durable avec vos clients, vous éviterez donc d'HARCELER vos prospects potentiels avec des emails trop fréquents.

Le nec plus ultra est de vous arranger pour que les prospects entendent beaucoup parler de vous par d'autres. Ainsi, votre CRÉDIBILITÉ et votre "MAGNÉTISME VIRTUEL" se développeront d'eux-mêmes. De manière naturelle ou organique, pourrait-on dire.

C'est ce que permettent notamment certaines techniques de guérilla marketing comme le buzz marketing (voyez plus loin).

Vous pouvez aussi utiliser toutes les ressources des moteurs de recherche ou encore le "net linking", que nous nous allons aborder un peu plus loin.

Le nec plus ultra, c'est d'attaquer sur tous les fronts en combinant ces méthodes de prospection avec un usage raisonné – et raisonnable ! – du marketing direct on-line.

Une technique peu connue pour vous faire connaître

La guérilla Marketing est un concept révolutionnaire de J. C. Levinson.

D'abord employée off-line avec beaucoup de succès, cette forme de publicité à investissement minimal correspond parfaitement aux besoins de ceux qui débutent sur le web.

Même les plus grands l'utilisent aussi. Ne vous laissez donc pas distancer !

En ligne, la guérilla marketing peut s'appliquer de plusieurs façons – dont le buzz marketing (bouche-à-oreille ou rumeur), une forme de marketing viral.

Avec le marketing viral, c'est le consommateur-internaute qui – en tant que vecteur volontaire du message – fait tout le travail pour vous.

Misez sur les moteurs de recherche

Pour qu'un client vous trouve, il faut aussi qu'il puisse le faire d'une façon ou d'une autre.

C'est ce que permettent les moteurs de recherche, dont en particulier Google.

Cette méthode passive de prospection fait appel à des ressources extérieures à votre site. En vous servant de tout le potentiel des moteurs de recherche, vous pouvez jeter vos "filets virtuels" 24 heures sur 24, 365 jours par année.

C'est une façon de ratisser très large, un peu comme les immenses filets tirés par plusieurs chalutiers.

L'objectif : avoir un maximum d'hyperliens renvoyant à votre site (ou vos sites affiliés) en tête des "hitparades" des divers moteurs de recherche.

Selon le cas, ces hyperliens peuvent figurer dans la section recherches proprement dites ou la colonne des annonceurs.

Sans effort et avec un investissement minimum, vous vous assurerez une excellente fréquentation de base sur votre site.

Cependant, pour avoir un "référencement" efficace, c'est-à-dire vous retrouvez en tête de liste dans la colonne des recherches ou des annonceurs, il faut maîtriser l'art de bien choisir les mots-clés.

Vous trouverez déjà quelques indications de base sur les moteurs de recherche que vous utiliserez. Mais il est facile de trouver des méthodes plus poussées pour maximiser le référencement.

Vous pouvez faire aussi affaire avec des experts en SEO, ou "Search Engine Optimization" (optimisation pour les moteurs de recherche).

N.B. : Cette méthode permet aussi de tester différents prix sur plusieurs clientèles en utilisant des sites secondaires reliés à un site principal.

Net linking : entrez dans un réseau de "renvois d'ascenseur" !

L'"échange de liens" ou "net linking" est une méthode de prospection qui peut s'inscrire dans le cadre de la guérilla marketing on-line.

Il est bon de vous associer avec des sites qui travaillent dans le même secteur que vous, mais qui ne sont pas des concurrents directs.

Leur gamme de produits ou de service peuvent différer par leurs coûts, la clientèle visée, etc.

Il peut aussi s'agir d'associations ou de regroupements divers susceptibles d'utiliser votre type de produit ou de service.

Et cela vaut vraiment la peine ! Comme le rapporte le consultant en webmarketing Christophe Da Silva :

"Selon une étude menée par Forrester Research, près de 35 % des internautes affirment qu'ils ont découvert un site web via un lien depuis un autre. Si le site proposant votre lien est en relation avec le thème du vôtre et constitue par là-même une ressource complémentaire aux internautes, ces derniers deviennent alors des clients potentiels qualifiés qu'il suffira de convaincre par le contenu de votre site Web (vos offres, site séduisant et attractif, navigation fluide...)" (11)

N'hésitez donc pas à faire des renvois d'ascenseur. C'est rentable de se recommander mutuellement. Vous risquez bien plus de gagner des clients que d'en perdre !

N.B. : Tout dépend de l'entente que vous avez avec les autres sites associés ou partenaires. Mais l'idéal est de ne pas mettre leurs hyperliens trop en évidence sur la page d'accueil. Mieux vaudrait même les mettre sur une page secondaire – voire sur une page qui est en dehors de la navigation de base sur votre site.

Quand un prospect arrive sur votre site, il faut d'abord l'encourager à naviguer sur votre site. Charité bien ordonnée commence par soi-même.

Voyez la section Enfermez le prospect dans un "circuit fermé" de clics dans la Stratégie n° 3.

Mais ce n'est qu'un début !

Grâce aux diverses stratégies décrites dans ce livre, vous pourrez à la longue vous constituer une importante base de données de prospects et maintenir une forte affluence sur votre site.

Mais il ne suffit pas d'attirer des prospects dans vos filets en "prêchant la bonne parole". Encore faut-il "CONVERTIR" le plus de visiteurs possible en acheteurs !

Il faut d'abord les retenir sur votre site, puis les persuader de revenir et d'acheter encore et encore...

---

11 (□) DA SILVA (Christophe), "Stratégie de Guérilla Marketing". Site : http://www.arkantos-consulting.com

Stratégie n° 9
La technique du bon jour d'envoi

"Un jour à la fois."

C Adage des Alcooliques anonymes

ertains e-vendeurs sont de véritables "mail-alcooliques"...

Mais il est très risqué de lasser les prospects avec des emails à répétition, surtout si vous en envoyez plusieurs fois par semaine.

Cela peut s'apparenter à la méthode du tireur amateur qui "mitraille" n'importe comment sa cible en espérant faire mouche.

Avec les prospects, cette technique risque plutôt de "tuer" toutes vos chances de vendre !

Mieux vaut apprendre à "viser juste". Cela signifie contacter les prospects au moment où ils sont généralement plus réceptifs ou disposent de plus de temps pour lire leur courrier électronique.

La pire journée !

Un expert en marketing sur le web, Mark Joyner (Aesop.com), s'est livré à des tests systématiques pour savoir quelle était la meilleure journée pour envoyer des emails publicitaires.

Ses recherches montrent d'abord qu'une croyance très répandue est un mythe : mercredi n'est pas le meilleur jour. En fait, c'est même le pire pour les ventes !

Les constances positives

Dans ses recherches, Mark Joyner a distingué les emails qui entraînent le plus de ventes et ceux qui génèrent le plus de "clics".

Voici les constances qu'il a observées pour ces 2 aspects du marketing sur internet :

► Ce sont les emails envoyés le vendredi qui donnent les meilleurs résultats pour les ventes :

• 89 % plus de ventes que le mercredi ;

• 23 % plus de ventes que les autres jours.

▶ Quant aux emails envoyés le jeudi, ce sont eux qui amènent le plus de "clics" bruts (avec ou sans vente). Et c'est les emails du mardi qui sont les moins performants à ce niveau.

Imaginez donc comment vous pourrez vous distancer de ceux qui croient encore que le mercredi est la meilleure journée.

Faites-vous même vos tests. (12) Et ne prenez rien pour acquis ! Sur le web, les choses évoluent très vite.

---

[12] (□) Il y aurait aussi à vérifier certaines données si vos produits s'adressent à certaines communautés en particulier.

Stratégie n° 10
Le pied-dans-la-porte virtuel

Cette méthode est une manière soft d'appliquer la technique de l'engagement.

Cette stratégie est si puissante que vous pourriez même aller jusqu'à tripler ou même quadrupler vos ventes en l'utilisant !

Voici donc plusieurs conseils pour avoir nettement plus de contacts-clients que de rejets.

La méthode classique du pied-dans-la-porte

Pour mieux comprendre l'application virtuelle du pied-dans-la-porte, voyons d'abord comment cette méthode s'applique dans la vie de tous les jours.

Imaginons, par exemple, que vous n'ayez pas votre carte d'appel ni la moindre pièce de monnaie sur vous. Votre cellulaire ne fonctionne pas. Et vous avez eu un accident... Bref, vous devez trouver à tout prix un peu de monnaie pour téléphoner dans une cabine téléphonique.

Comment faire ? Vous pouvez demander tout de suite le montant au premier passant venu, mais vous aimeriez maximiser vos chances pour que celui-ci accepte de délier sa bourse ou ne vous envoie pas promener comme un vulgaire mendiant ?

Pour cela, il suffirait de lui demander d'abord l'heure. C'est logique de le faire dans votre situation (votre montre est peut-être brisée !) et rares sont ceux qui refusent de répondre à une telle question. À moins qu'il n'ait pas de montre – ou qu'il craigne d'exhiber leur montre en or si vous avez une mine trop patibulaire.

Ensuite, abordez l'objet réel de votre approche. Il serait alors fort surprenant qu'on vous refuse de vous donner une pièce de monnaie pour téléphoner.

C'est ce qu'on appelle la technique du pied-dans-la-porte, qui, comme son nom suggère, signifie qu'une fois qu'elle a ouvert sa porte, une personne peut difficilement la refermer.

En tant que technique de manipulation, la stratégie du "pied-dans-la-porte" peut donc se formuler comme suit : demandez d'abord peu pour ensuite demander et obtenir plus.

Ou encore : si votre demande risque d'être refusée, faites-la précéder d'une petite sollicitation difficile à refuser.

Comme le montrent diverses recherches, aussi simple ou évidente soit-elle, cette technique de vente ou de sollicitation est d'une très grande efficacité.

Prenons l'exemple des recherches bien connues de Freedman et Fraser qui remontent à 1966. (13) Ceux-ci ont notamment testé cette technique pour évaluer le taux d'acceptation à une requête auprès de ménagères américaines.

Cette étude s'est déroulée comme suit (avec un groupe contrôle) :

• En un 1er temps, un pseudo-enquêteur contactait par téléphone des ménagères sélectionnées au hasard dans l'annuaire téléphonique. Il leur demandait si elles acceptaient de répondre à un questionnaire de 8 questions sur les produits qu'elles utilisaient.

• En un 2e temps, le même enquêteur les rappelait 3 jours plus tard et leur demandait si elles accepteraient de recevoir 5 ou 6 enquêteurs durant 2 heures pour répertorier les produits qu'elles employaient dans la maison.

• Parallèlement à cela, un groupe contrôle de ménagères se faisaient demander directement de recevoir ces enquêteurs.

Résultat : le taux d'acceptation était de 53 % dans le premier groupe et de 22 % dans le groupe contrôle. (14)

En d'autres termes, la technique du pied-dans-la-porte avait permis de plus que doubler le taux d'acceptation !

D'autres recherches allèrent dans le même sens. Et comme vous allez voir, en ligne, c'est-à-dire de manière entièrement automatisée, cette technique donne également d'excellents résultats.

3 ou 4 fois plus de ventes avec cette technique

L'étude sur le pied-dans-la-porte virtuel qui suit a été effectuée avec un pseudo site caritatif. Mais la procédure utilisée peut également s'appliquer à un site de vente.

Lors de cette étude, des chercheurs ont donc créé de toute pièce un site caritatif ("Enfance victime de mines") qui devait servir à récolter des fonds pour les enfants victimes des mines antipersonnelles.

Sur la page d'accueil figurait des photos d'enfants mutilés et un texte de sensibilisation sur les mines antipersonnelles.

---

[13] (□) FREEDMAN (J.) et FRASER (S.), "Compliance without Pressure : The Foot-in-the-Door Technique", Journal of Personality and Social Psychology, 1966, vol. 4, p. 195-202.

[14] (□) Les chercheurs étudièrent une autre variable. Avec un 3e groupe, on procédait en 2 étapes comme avec le 1er groupe avec la technique du pied-dans-la-porte, mais sans soumettre le questionnaire initial. L'enquêteur se contentait de dire qu'il téléphonerait de nouveau. Le taux d'acceptation descendait alors à 33 %.

Les chercheurs construisirent aussi 2 variantes de ce site à des fins de contrôle.

Avec un logiciel de mailing, un email fut envoyé à 1.208 hommes et femmes.

Un hyperlien renvoyant au site figurait sous le texte suivant : "Donnez 5 minutes de votre temps à l'enfance victime des mines en cliquant sur..."

Lorsque les sujets de l'expérience arrivaient sur la page d'accueil du site, il était soumis – selon le cas – à l'une des 2 procédures suivantes :

1. Pour les sujets manipulés avec la technique du pied-dans-la-porte.

Ceux-ci se faisaient d'abord demander de signer une pétition contre les mines antipersonnelles.

Les sujets qui cliquaient pour la signer se retrouvaient sur une page affichant :

– une photo ;

– un message de remerciement ;

– le texte et le formulaire de la pétition pour faire respecter le traité d'interdiction des mines antipersonnelles (le formulaire contenait 4 champs : nom, prénom, adresse électronique, sexe).

À ce stade, les sujets pouvaient décider ou refuser de remplir le formulaire de la pétition et d'appuyer sur le bouton d'envoi.

S'ils acceptaient, ils arrivaient sur une page où ils avaient le choix entre cliquer ou non sur la phrase "Aider les enfants en demandant un formulaire de don".

S'ils acceptaient de cliquer dessus, ils entraient sur une autre page montrant :

– une photo d'enfant ;

– un texte expliquant que ce site était récent et que les visiteurs pouvaient faire un don à une association humanitaire pour l'enfance.

Puis, sur cette même page, les participants voyaient apparaître les hyperliens de 3 associations reconnues.

2. Pour les sujets du groupe témoin.

Dès la page d'accueil, ceux-ci voyaient un texte où on leur demandait directement de faire un don pour aider les enfants victimes des mines antipersonnelles.

Ils pouvaient alors cliquer sur un hyperlien qui les conduisait sur une 2e page montrant :

– une photo d'enfants ;

– un texte de remerciement ;

– un hyperlien associé à la phrase suivante : "Aider les enfants en demandant un formulaire de don."

Tout se déroulait ensuite comme pour ceux conditionnés par le pied-dans-la-porte.

Résultats :

Les chercheurs ont ainsi pu observer que ceux qui étaient soumis à la technique du pied-dans-porte cliquaient **3, 5 fois plus souvent** sur l'hyperlien qui permettait d'accéder à la page des dons et sur celui d'une organisation où ils pouvaient faire un don en ligne.

De toute évidence, le fait de voir et de signer d'abord une pétition prédisposait plus facilement à s'intéresser à la possibilité de faire un don. (15)

Comment pratiquer le pied-dans-la-porte en ligne

Si un simple e-mail et un site caritatif bien conçu permet d'augmenter à ce point les donations pour une bonne cause, imaginez alors les résultats lorsque les gens reçoivent quelque chose en échange de leur argent !

Ou, mieux encore, si vous leur offrez un rabais ou un cadeau : e-book, newsletter bourrée d'informations rares (et pas seulement de la pub), un logiciel très utile, etc. !

Pour la vente, une forme d'amorçage comme le pied-dans-la-porte peut se pratiquer facilement avec un logiciel de mailing de courrier électronique.

Bien entendu, la formulation du titre et du contenu du mail est déterminante pour "toucher" le prospect.

Il y a des mots "qui cliquent" plus que d'autres. À cet effet, voyez la stratégie n° 5.

L'important est que, suite à une sollicitation minimale par email, en apparence non engageante ou peu engageante, un prospect prend le temps de cliquer sur un hyperlien qui

---

15 (□) GUÉGUEN N., JACOB C. et LEGOHÉREL P., "Communication médiatisée par ordinateur et sollicitation à une requête : une évaluation de l'efficacité de la technique du "pied-dans-la-porte" lors d'une interaction par e-mail ou un site web", Revue internationale de psychologie sociale, 2003, vol. 16, n° 1, p. 125-155.

mènera à votre site. Une fois là, il s'agira alors de le retenir un certain temps et de l'amener à naviguer sur votre site. Il pourra ainsi prendre connaissance de vos produits ou services.

Et pour lui vendre quelque chose, procédez selon une approche progressive basée sur les stratégies décrites dans cet ouvrage.

Mais qu'est-ce qu'une sollicitation minimale ou peu engageante ?

En voici quelques exemples :

• Demander de répondre à un petit questionnaire minimal en ligne (incluant les coordonnées virtuelles du client, etc.).

• Proposer de télécharger un livre-cadeau, des écrans de veille, de petits logiciels sympas, etc.

• Offrir un abonnement gratuit à une newsletter bourrée d'informations.

De façon générale, n'essayez pas à tout prix de vendre quelque chose tout de suite.

Contentez-vous de donner quelque chose au visiteur “en souvenir” de son passage.

Et s'il prend vraiment plaisir à visiter votre site, il y reviendra certainement. (Cf. stratégie n° 1)

Un point important : le délai entre les 2 requêtes

Si vous faites une sollicitation plus active par email pour relancer un prospect (offre spéciale, etc.), il faut tenir compte d'un facteur déterminant : le temps entre la requête préparatoire plus modeste et la 2e, plus exigeante.

Dans l'exemple de la méthode classique, la 2e requête s'effectue dans un délai très bref, au cours d'une même interaction. Vous demandez l'heure, puis une pièce de monnaie.

Pour une sollicitation par email, il faut tenir compte de 2 facteurs à la fois :

• ne pas lasser le prospect par des sollicitations trop fréquentes ;

• bien faire le lien entre les 2 requêtes.

Tenez bien compte du 1er facteur ! Et j'insiste particulièrement là-dessus, car beaucoup de e-vendeurs croient – à tort – qu'à force d'insister lourdement, ils finiront par vendre. (La technique du bébé qui hurle pour obtenir ce qu'il veut...)

Pire encore, certains harcèlent leurs prospects pour des choses que ceux-ci ont déjà achetées !

Par exemple, une voisine me rapportait que cela fait 6 mois qu'elle est harcelée 1 ou 2 fois par semaine par des emails affichant des titres du genre : “J'ai du nouveau pour votre problème de thyroïde", "Réduction de 50 % d'ici demain sur notre méthode révolutionnaire pour guérir les problèmes de thyroïde", etc.

Pourtant ma voisine a déjà acheté le produit-vedette de cette société en ligne.

Et de toute façon, elle a résolu son problème depuis belle lurette en suivant un traitement médical conventionnel.

Elle a eu beau demander qu'on le retire de la liste des abonnés, bloquer l'expéditeur sur le serveur, utiliser l'anti-spam. Cela revient tout le temps d'une façon ou d'une autre.

C'est comme de la mauvaise herbe qui repousse malgré les pesticides les plus puissants. Jamais plus, elle ne fera affaire avec un fournisseur pareil !

N.B. : Évitez aussi d'utiliser des prétextes fallacieux ou ridicules pour entrer en contact avec des prospects.

La technique du "un-peu-c'est-mieux-que-rien" ou "même-un-sou-suffira"

Cette technique s'apparente à la stratégie du pied-dans-la-porte.

Il s'agit tout simplement de demander très peu ou presque rien pour obtenir plus lorsqu'on demande des dons.

La personne sollicitée se sent plus souvent OBLIGÉE d'accepter, car l'argument du "même-un-sou-suffira" vise à neutraliser à la source les excuses habituellement invoquées pour refuser de donner à une œuvre charitable : "je viens justement de donner à...", "je n'ai pas de monnaie sur moi", etc.

Des études ont permis de vérifier l'efficacité de cette technique pour demander des dons. Elle permet de DOUBLER les chances d'obtenir quelque chose.

Et il n'est même pas nécessaire que le solliciteur soit devant la personne ! Des chercheurs ont observé qu'une affiche où figure le "même-un-sou-suffira" permet déjà, à elle seule, d'augmenter les dons déposés dans des urnes installées à cet effet. (16)

Bref, même en ligne, vous aurez plus de chances d'obtenir une donation en utilisant cette technique de manipulation !

---

[16] (□) PERRINE (R. M.) et HEATHER (S.), "Effects of Picture and Even-a-Penny-Will-Help Appeals on Anonymous Donations to Charity", Psychological Reports, 2000, n° 86, p. 551-559.

Boni... menteur ?

Souvent, les bonimenteurs de foire ont une foule rassemblée autour d'eux. Il y a des gens qui rient ou qui sont très intéressés.

Mais combien de personnes s'avancent pour acheter ?

Sur le web, c'est la même chose. Il ne suffit pas de séduire et d'attirer. Cela ne représente que 50 % du travail.

Il faut aussi convaincre, persuader, et surtout gagner la confiance du prospect.

Stratégie n° 11
Faites imaginer l'état positif associé à la possession du produit

"Copier le vrai c'est bien, mais inventer le vrai c'est encore mieux."

Verdi (dans une lettre, à propos du vérisme et de son opéra Falstaff)

"Nous ne vendons pas des maisons. Nous rehaussons votre qualité de vie."

Pub

Un bon marchand sait instinctivement qu'il doit amener le client à rêver qu'il a déjà le produit. Et quand ce dernier rêvera vraiment qu'il a le produit, le désir de le posséder va devenir irrépressible, incontrôlable.

Cet état de rêve éveillé correspond en fait à une forme de transe hypnotique légère avec les yeux ouverts !

C'est une stratégie redoutable qu'utilisent les meilleurs vendeurs dans le monde... et ce, depuis la nuit des temps.

En situation de vente face à face, avec le produit sous les yeux, cela peut sembler plus facile. Mais il est tout à fait possible d'appliquer la même stratégie de persuasion en ligne. Les moyens diffèrent simplement.

Mais le principe est le même : le rêve et l'imagination font accéder à une forme de "réalité virtuelle". Et de plusieurs façons, la dimension virtuelle du web peut intensifier encore plus la réalité virtuelle de l'imaginaire du prospect !

Comment appuyer sur le "bouton rêve"

Le terme "rêve" est ici très important. Et il est à prendre au sens physiologique.

Quand notre cerveau est absorbé par une tâche mathématique, son fonctionnement diffère de celui qui est associé par exemple à la méditation ou à la rêverie.

En laboratoire, les techniques d'imagerie médicale par résonance magnétique montrent que, dans le cerveau qui calcule, des zones spécifiques du cerveau sont activées.

Quand nous sommes en "mode calcul", le type d'ondes cérébrales change également.

Il y a prédominance des ondes bêta, propre à l'état d'hyperactivité cérébrale et au stress.

On a même observé que le fait de calculer augmente la tension artérielle, y compris chez un sujet sain.

Par contre, les états de méditation ou de rêverie se caractérisent par une baisse de la tension artérielle et une production accrue des ondes alpha, plus lentes.

L'imagerie par résonnance magnétique (IRM) indique aussi que d'autres zones du cerveau sont en activité.

Autrement dit, quand vous parlez d'argent et de faits techniques, vous mettez le corps en état d'alerte, donc de stress. La méfiance et l'inquiétude (financière ou autre) domine dans le cerveau du prospect.

À l'inverse, si vous utilisez des arguments émotionnels qui créent des images fortes et positives, vous amenez votre prospect dans un état de rêve éveillé où la logique fonctionne en sourdine. Son organisme est plus détendu.

Côté mental et affectif, le prospect se met en "mode plaisir" plutôt que rationnel.

Et il commence à sourire intérieurement en pensant au bon temps qu'il pourrait avoir, à tous les problèmes qu'il réglerait s'il achetait ce que vous lui proposez, etc.

Dès lors, il commence à oublier les comptes à payer, les longues semaines de travail, les sacrifices qu'il devra s'imposer pour se payer certaines choses.

Quand le "principe de plaisir" domine, le "principe de réalité" peut prendre des vacances !

Un consommateur détendu sera plus porté à "se faire plaisir", donc à dépenser.

L'équation est simple : tout achat un tant soit peu coûteux représente un stress important, directement proportionnel à la quantité d'argent dépensée. Mais quand les "nœuds d'angoisse" se dénouent, le consommateur délie plus volontiers sa bourse...

Mettez à profit les 2 hémisphères cérébraux

Le cerveau comprend 2 lobes, appelés aussi hémisphères cérébraux.

Ceux-ci fonctionnent de concert mais ont aussi des rôles spécialisés.

Le "modèle" des 2 hémisphères cerveaux, gauche et droit, est utilisé dans plusieurs disciplines (dont la programmation neurolinguistique ou PNL).

Selon ce modèle, le rôle spécifique de ces 2 hémisphères se résume ainsi :

▶ L'hémisphère gauche du cerveau est le siège de la pensée verbale, analytique et rationnelle. Son fonctionnement est conditionné par l'éducation, les connaissances et le milieu de vie. Cet hémisphère correspond surtout à la partie consciente de la personne.

► L'hémisphère droit du cerveau est responsable de la pensée non verbale, intuitive et synthétique. Fonctionnant surtout par images et sensations, il est associé à l'imagination, aux arts et à la créativité en général. Cet hémisphère correspond plutôt au subconscient.

C'est en observant, entre autres, le comportement de gens blessés gravement à la tête qu'on a pu commencer à étudier le fonctionnement spécifique de certaines zones du cerveau.

Ainsi, au XIXe siècle, un médecin avait soigné un homme qui venait de se tirer une balle dans la tête. Celui-ci avait miraculeusement survécu, mais plus rien ne recouvrait la partie frontale de son cerveau gauche.

En appuyant avec une spatule sur cette zone, le médecin observa que le débit vocal de son patient était immédiatement perturbé.

D'autres observations (notamment sur les aphasiques) ont permis de confirmer que cette partie du cerveau joue bel et bien un rôle dans la production et la compréhension du langage.

Bien entendu, tout est interrelié dans le cerveau.

Le "modèle" des 2 cerveaux permet néanmoins de montrer comment 2 modes de fonctionnement cérébraux agissent de concert ou en alternance.

Pour maximiser notre potentiel cérébral, l'idéal est de synchroniser les 2 types de fonctionnement cérébraux.

Et quand il s'agit de vendre ou convaincre un prospect, il est également important d'en tenir compte.

Pour maximiser l'impact de votre message publicitaire, ne vous contentez pas des seuls arguments "logiques". Stimulez aussi la partie du cerveau non verbale.

Autre fait intéressant, on sait aussi que l'oreille gauche est reliée à l'hémisphère droit tandis que l'oreille droite est reliée à l'hémisphère gauche. Cela explique bien les 2 phénomènes suivants :

• Si un sujet entend simultanément une mélodie différente à gauche et à droite, il retiendra plus facilement la mélodie captée par l'oreille gauche.

• Si un sujet entend simultanément des phrases différentes à gauche et à droite, il retiendra plus facilement ce qu'il perçoit par l'oreille droite.

C'est une bonne chose à savoir quand vous utilisez les possibilités du son en ligne.

Pas trop de "faits techniques"

Dans votre publicité, mettez l'accent sur les avantages concrets du produit plutôt que sur sa description technique. C'est déjà une première façon de faire visualiser l'état positif associé à votre produit.

Par exemple, si vous vendez un produit naturel qui contient de la glucosamine et d'autres substances du genre, vous "impressionnerez" sans doute le client en les mentionnant. Mais cela restera une impression intellectuelle ou abstraite – donc superficielle.

Par contre, si vous dites au prospect que ses douleurs vont diminuer rapidement, qu'il pourra bouger avec plus de plaisir, etc., vous agirez sur son affectivité.

L'effet sera nettement plus marquant. Et cela amènera bien plus d'argent dans votre compte en banque.

Ce principe s'applique aussi vrai avec des appareils basés sur des technologies sophistiquées et nouvelles. Insistez sur les résultats positifs que les prospects pourront constater.

Limitez au maximum les arguments techniques ou factuels.

Dans L'efficacité en marketing direct, Régis Hauser explique fort bien comment "filtrer" les faits :

"Bien sûr, les faits sont importants, et il est impossible de les occulter. Mais il faut les choisir en fonction de la perception qu'en auront vos prospects.

"Certains faits peuvent les inciter à réagir, d'autres (apparemment tout aussi pertinents) les ennuieront profondément.

"Les interminables listes d'arguments factuels sont donc à manier avec des pincettes.

"Choisissez les faits les plus forts (ceux qui intéressent votre cible), et oubliez les autres.

"Puis dans cette liste réduite, sélectionnez le fait le plus spectaculaire, et qui vous permettra d'étayer votre proposition. Ne confondez jamais "fait" et "argument promotionnel" : le premier doit servir le second, et ne doit jamais être confondu." (17)

---

[17] (□) HAUSER (Régis), L'efficacité en marketing direct – La vente par la persuasion, Les Éditions d'Organisation, Paris, 1991, p. 124.

Ce sont des résultats positif que vous vendez – pas un produit

Les vendeuses des boutiques de vêtements le savent bien : ce n'est pas une robe qu'elles vendent mais un rêve.

Et cela vaut pour tous les types de produit. Ce n'est pas un produit que vous vendez, mais un rêve... ou un résultat.

Quand vous avez les meilleurs "faits" en main, il devient très facile de "faire rêver" vos clients.

En d'autres termes, il s'agira d'utiliser ces faits pour leur faire visualiser comment leur vie changera pour le mieux en possédant un tel produit.

Mais pour influencer au maximum les prospects, il faudra changer le focus utilisé généralement pour vendre un produit.

C'est le résultat désiré final que les clients achètent plutôt que le produit ou le service qui le concrétisera. Comme on dit : "Ce n'est pas une perceuse qu'on vend, mais des trous."

Et il faut aussi mettre en valeur toutes les étapes qui permettent de parvenir au résultat désiré.

Par exemple, si vous vendez des produits de beauté, vous ne vendez pas seulement de la beauté en flacon ou en crème. En fin de compte, c'est avant tout de la confiance en soi pour se sentir capable d'aller chercher un certain type de plaisir : plaisir sexuel, plaisir de séduire, sensation de pouvoir sur l'autre sexe, plaisir d'être plus belle que les autres, etc.

Autre exemple. Imaginons que vous vendiez un revêtement extrêmement résistant pour les toits qui imitent fort joliment la tuile rougeâtre des pays méditerranéens. Ici, vous vendez d'abord la "paix d'esprit". Avec votre produit, les clients n'auront plus à se demander – et ce, pendant 20 ans ou plus – si leur toit risque ou non de couler en cas de pluie diluvienne. Fini les inquiétudes.

Ensuite, vous vendez "la fierté du propriétaire". Même si votre produit est une imitation de tuile d'argile, elle y ressemble diablement à moins d'aller se coller le nez dessus. (Mais pas de problème, beaucoup de gens ont le vertige !)

Faites bien visualiser tout cela à vos prospects. La question du prix viendra en second.

Et quand l'"idée" d'acheter est assez forte, elle peut se transformer en action.

Comme disait le poète Boileau : "Tout ce qui se conçoit bien s'énonce clairement et les mots pour le dire viennent aisément."

Ce qui pourrait se traduire par : tout ce qui conçoit bien se vend facilement et les sous pour payer viennent aisément...

Faites visualiser le produit de manière très précise et concrète

Ceux qui utilisent l'hypnose ou l'imagerie mentale (Voir plus loin) savent qu'il est important d'éviter les suggestions ou les images trop vagues, trop générales. C'est la même chose en marketing.

Pour être convaincantes, vos promesses doivent être précises, spécifiques. Et pour cela, il faut stimuler tous les sens. Le prospect ne croit que ce qu'il sent... Comme Saint-Thomas.

Pour stimuler TOUS les sens avec les mots

Nous ne sommes pas tous égaux en matière de perception sensorielle.

Certains sont plus visuels, d'autres plus auditifs, d'autres kinesthésiques (c'est-à-dire qu'ils perçoivent la réalité avec plusieurs sens en même temps, y compris le goût, le toucher et l'odorat).

C'est là un aspect très important de la communication verbale.

Si vous dites à un auditif "vous verrez comment vos enfants auront du plaisir à utiliser tel jouet", cela n'aura pas le même impact que si vous le dites à un visuel.

À un auditif, il vaudrait mieux dire ceci : "Quand vos enfants auront ce jouet, ils pousseront des cris de joie.

Bien entendu, en ligne, vous ne pouvez pas connaître le profil sensoriel de vos prospects (à moins de recourir discrètement à certains tests en ligne). Il faut alors "ratisser" le plus large possible pour inclure tous les types sensoriel :

► La 1re mesure est de prendre conscience de vos propres caractéristiques sensorielles pour vous en distancer. Ainsi, vous éviterez d'utiliser inconsciemment un vocabulaire sensoriel trop spécifique à vous.

► Ensuite, il s'agira de varier au maximum le vocabulaire à connotation sensorielle pour parler à l'ensemble de vos prospects. Utilisez des mots ou expressions comme : goûter, sentir, ressentir, saliver, étancher votre soif, toucher, caresser, palper, odeur, entendre, son, voir, etc.

Toute expression imagée est susceptible d'activer inconsciemment des sensations visuelles, auditives, gustatives.

► Mettez aussi à profit la "métaphore cachée" qu'on retrouve dans les expressions courantes. Par exemple, un mot comme "naviguer" est une image liée à l'eau ou à l'air, selon le cas.

Mais soyez cohérent dans vos images. Évitez le fouillis métaphorique qu'on retrouve dans des phrases du genre : "Le char de l'État navigue sur un volcan.

Pour améliorer votre maîtrise de l'écriture kinesthésique, il vous sera certainement profitable de lire ou de relire certains grands romanciers (en particuliers féminins !) qui utilisent un langage sensuel ou sensoriel.

L'incroyable puissance des images mentales

La visualisation d'images positives – appelée aussi "imagerie mentale" – peut servir dans une multitude de domaines pour conditionner le cerveau à mieux réagir et performer.

De nombreux travaux ont démontré que cette technique produit notamment les effets suivants :

• Elle améliore les performances sportives, artistiques ou intellectuelles.

• Elle peut guérir des problèmes physiques ou psychologiques.

• En réduisant le stress ou en nous énergisant, elle améliore la qualité de vie.

L'efficacité de cette pratique s'explique par le fait que toute image mentale envoie des messages neurologiques à travers tout le corps. Et celui-ci réagira en fonction de chaque type d'images.

Mais voyons d'abord comment une image négative peut affecter négativement notre organisme.

Prenons cet exemple classique :

1. Fermez les yeux.

2. Imaginez un beau citron.

3. Puis visualisez-vous en train de le mordre à belles dents. Normalement, vous ressentirez une impression plutôt désagréable.

Il est donc facile de comprendre pourquoi des images de peur ou d'échec peuvent affecter négativement les différents types de performance.

Dès qu'on hésite ou qu'on doute, notre énergie se disperse ou perd de son intensité.

À l'inverse, l'utilisation d'images mentales positives agit à la manière d'un levier pour soulever le poids du doute ou de la peur. Tout devient possible !

Dans le cas du sport, par exemple, l'effet est magique. Et il y a 2 raisons à cela :

• À force de visualiser à répétition les mêmes images mentales positives, le corps tend à s'y conformer. Le fait de visualiser comme un film la succession des mouvements corrects agit à la manière d'une reprogrammation à la fois physique et mentale.

• Souvent, les athlètes de haut niveau ont grosso modo les mêmes capacités physiques. Ce qui fera la différence lors d'une compétition, c'est l'idée que l'athlète se fait de lui-même qui le démarquera des autres. Autrement dit, l'aspect psychique.

Celui qui arrive à se convaincre à 100 % qu'il va gagner a donc nettement plus de chances de l'emporter que celui qui n'en est convaincu qu'à 98 ou 90 %.

Ce dernier est divisé en 2 : une partie de lui croit à la victoire, une autre (aussi petite soit-elle) en doute... Et cela peut suffire à faire perdre de précieux dixièmes de seconde.

De façon générale, quand notre corps et notre esprit se synchronisent parfaitement, il devient beaucoup plus facile d'atteindre notre objectif – quel qu'il soit.

Centrer et unifier notre énergie est la grande clé du succès.

Entre autres dans la vente.

D'abord, parce que vous pouvez ainsi envoyer un message CLAIR à vos prospects.

Ensuite, l'imagerie mentale permet aussi de conditionner positivement vos prospects.

Au début, celui-ci est “divisé”, car il doute ou hésite. Mais, en lui faisant visualiser à fond l'état positif lié à votre produit, vous augmentez son niveau d'énergie.

Il fait alors plus confiance à la vie, oublie ses craintes (financières ou autres) et se centre sur le meilleur qui est à venir. Et quand il n'a plus peur, il est prêt à prendre certains risques...

Par ailleurs, la pratique de la visualisation vous aidera aussi à mieux vous conditionner mentalement pour mettre au point votre stratégie commerciale.

Étant donné la très forte concurrence, votre situation n'est pas très différente d'un athlète de haut niveau.

Avant de faire du copywriting ou de la conception infographique, prenez le temps de visualiser votre objectif financier, vos prospects et votre site internet. Imaginez le mieux, toute l'énergie dont vous avez besoin (et qui, comme vous le savez, est disponible en quantité illimitée pour ceux qui apprennent à la capter). Ensuite, visualisez-vous en train d'écrire facilement votre texte et vos accroches, de “toucher” vos prospects ou d'“entrer dans leur tête”, etc.

Comment leur en mettre plein les yeux

Quand vous vendez dans un magasin off-line, la 1re chose à faire est de montrer le produit et de le faire essayer.

En ligne, c'est aussi la 1re chose à faire.

Le haut débit et les développements technologiques du Web 2. 0 vont augmenter considérablement l'usage du visuel sur le web. Il sera donc encore plus facile d'utiliser des photos de vos produits présentés sous toutes les coutures.

Arrangez-vous aussi pour avoir des photos d'utilisateurs satisfaits les ayant utilisés.

Les gens adorent se perdre dans des "labyrinthes" de galeries photos pour se "reconnaître" dans les autres.

Mais vous pourrez aussi utiliser plus facilement des vidéos de démonstrations. En plus, il est possible, là encore, d'obtenir facilement des "témoignages visuels" d'acheteurs satisfaits.

Et selon le type de produit que vous vendez, vous pourrez aussi donner la possibilité d'imaginer le résultat de son achat.

... et plein les oreilles

En ligne, vous ne pouvez évidemment pas faire sentir des odeurs ou faire goûter à des produits alimentaires. Par contre, rien ne vous empêche de faire entendre des sons évocateurs !

Récemment, en prévision d'un voyage en Amérique du Sud, j'ai décidé de me remettre à l'espagnol.

Pour cela, j'utilise une méthode sur CD que je peux utiliser dans la voiture quand j'ai de longues distances à parcourir.

Cette méthode combine des dialogues avec un background sonore.

Par exemple, si une phrase dit "Pedro va fermer la porte", on entend quelqu'un qui marche et qui ferme une porte.

Ou s'il est question du trafic au centre de Mexico, on entend des coups de klaxon, des gens qui s'engueulent. Etc.

C'est très simple, mais très efficace pour créer une association entre un bruit et un mot.

On peut ici parler de "visualisation sonore" ou d'"image sonore".

L'usage de la parole et des sons peut aussi faire des miracles en publicité sur le web.

De plus en plus de gens, en particulier chez les plus jeunes, ouvrent leurs haut-parleurs en permanence.

Sur votre site, ajoutez des éléments sonores très vivants (voix, sons concrets ou musique) qui ont rapport direct avec vos produits et qui permettent de mieux imaginer le plaisir qui y est associé.

Mine de rien, le subconscient du prospect est également influencé.

Certaines musiques permettent également d'"illustrer" vos produits de manière très convaincante.

Il ne reste plus qu'à leur faire "toucher" le produit

Quand vous vendez dans un magasin, il est facile de "faire toucher" le produit ou même de le faire essayer. Le prospect peut donc s'imaginer d'autant plus facilement en possession du produit.

Quand vous vendez en ligne, vous pouvez remplacer cela par une période d'essai gratuite. C'est l'ultime façon de faire visualiser l'état positif associé à la possession de votre produit.

Et n'ayez surtout pas peur de prendre ce risque. Les statistiques montrent qu'il est rare qu'un produit soit renvoyé : environ 5 % seulement.

En plus, vous réduirez considérablement ce risque si vous avez appliqué la loi de la réciprocité avec des cadeaux gratuits, des conseils gratuits sous forme d'e-book, de newsletters, etc. (Stratégie n° 3.)

Bien entendu, avant de passer à cette 2e étape, il faut d'abord que les clients imaginent d'abord le bonheur de posséder votre produit grâce aux moyens décrits plus haut.

C'est ce qui leur fera appuyer sur le bouton "Yes" lors du processus d'achat automatisé.

Stratégie n° 12
Désamorcez la méfiance tout de suite

"La publicité ne ment pas : elle met l'accent sur les aspects positifs d'un produit."

Claude Cossette
(Fondateur du Groupe Cossette Communication)

De belles paroles, de belles images peuvent capter l'attention des acheteurs potentiels. Peut-être même se laisseront-ils "séduire" par votre produit. Mais ce n'est que la moitié du travail de vente ! Peu importe que ce soit off-line ou on-line.

Encore faut-il donc gagner la confiance de vos prospects et les rassurer au maximum.

Bref, après avoir "amorcé" et "séduit" le client, il vous reste à désamorcer la méfiance associée à ses craintes conscientes mais aussi inconscientes ou potentielles ! Mais sur le web, vous devez le faire TOUT DE SUITE, car chaque seconde compte.

Si la bombe de la méfiance explose, elle peut faire des dégâts irréparables...

Reste qu'il est facile de la désamorcer avec des moyens très simples qui ne dépendent ni de la qualité ni de la réputation de votre produit.

Pourquoi il faut faire TRÈS vite sur le web

En magasin, vos secondes ne sont pas comptées quand vous devez rassurer un prospect. Vous avez le temps de passer à travers votre liste d'arguments. De plus, les conventions sociales forcent le prospect à vous écouter jusqu'au bout. Jusqu'à un certain point, il est coincé.

Vous pouvez aussi regarder le prospect dans les yeux et ajuster votre argumentation en conséquence. Et si c'est nécessaire, vous aurez l'opportunité de devancer ou de contredire l'avis des pseudo "experts" bien intentionnés de son entourage : copains, copines, famille proche, beaufs, belle-mère et compagnie.

Par ailleurs, si le client veut l'avis d'un autre vendeur qui s'y connaît, il faut qu'il trouve un autre magasin, qu'il s'y rende, se stationne, etc. Tout cela prend du temps. Et si en plus l'heure de fermeture approche, il hésitera moins à faire un achat dont il a besoin.

Mais sur le web, il faut toujours faire très vite – et il n'y a pas d'heure de fermeture !

Loin des yeux, loin du cœur...

D'un clic, le prospect peut aller voir d'autres sites qui lui inspirent plus confiance. Et il risque fort de vous oublier bien vite.

Obstacle n° 1 : la méfiance

Plus que les limites budgétaires du prospect, c'est la méfiance qui constitue le principal obstacle à la vente.

Quand vous pouvez neutraliser cette émotion à la source, le prospect peut s'ouvrir à l'idée d'acheter – même s'il n'a pas tout l'argent nécessaire.

Soyez le plus clair possible

Il faut évidemment ajuster vos arguments en fonction du milieu auquel vous vous adressez.

Certaines personnes sont plus méfiantes que d'autres – et il ne s'agit pas toujours forcément de celles qu'on pourrait croire...

Comme l'explique le publicitaire Régis Hauser :

“Souvent, le degré de crédulité d'un individu est inversement proportionnel à son niveau d'instruction ou à sa position sociale : un professeur d'université peut être plus crédule qu'un paysan.

“Une étude faite en Italie démontre que les individus les plus dubitatifs sont souvent ceux qui ont le plus bas niveau d'instruction.

“Ce phénomène est bien connu des vendeurs : ils ont généralement plus de mal à placer leurs marchandises auprès de prospects ruraux, qui sont désimpliqués, roués et méfiants.” (18)

Votre produit est destiné spécifiquement – ou notamment – à des gens moins instruits ou moins sophistiqués ? Il est d'autant plus important de présenter D'ABORD des arguments à la fois efficaces et simples, voire primaires.

Ce n'est pas avec des nuances subtiles (techniques ou autres) que vous pourrez endormir la méfiance.

Même si la méfiance est assez “mentale”, elle provient d'une émotion primaire très physique – reptilienne diraient certains. Autrement dit, la peur liée à l'instinct territorial.

---

18 (□) HAUSER (Régis), L'efficacité en marketing direct – La vente par la persuasion, Les Éditions d'Organisation, Paris, 1991, p. 119.

Et ce principe vaut également pour une clientèle plus sophistiquée, car nous avons tous un reptile qui sommeille en nous !

Ce n'est qu'en tout dernier et à très petites doses que les nuances subtiles peuvent jouer un rôle utile.

La simplicité est synonyme de clarté. Et la clarté est synonyme de transparence. Quand les choses nous apparaissent vraiment claires, la méfiance disparaît d'elle-même. Tout comme la lumière annule l'obscurité...

Les 3 plus grandes craintes de TOUT prospect

Aussi différents, simples ou sophistiqués que soient vos prospects, les 3 mêmes craintes primaires peuvent "tétaniser" leur désir d'acheter.

La peur de perdre de l'argent

C'est une crainte typiquement animale, donc viscérale ou primitive. Un singe n'aime pas du tout qu'un congénère lui vole ses cacahuètes. L'instinct territorial... Même un objet ou un aliment devient un territoire.

Et chez l'humain, l'argent est une forme de territoire abstrait. Qu'il cherche donc à protéger.

Si le prospect vous cède une partie de son "territoire", il veut que vous lui donniez en échange un bout de territoire équivalent. Mais il craint les mauvaises surprises.

Devra-t-il racheter rapidement ce que vous lui vendez parce que ça ne marche pas ou ne dure pas très longtemps ? Il craint aussi que son acquisition n'entraîne des dépenses imprévues.

Pour une voiture, il doit penser à la consommation d'essence et aux assurances.

Pour un cellulaire, il y a toute une série d'options à prévoir : messagerie, sonnerie personnalisée, etc.

Le fait de donner un maximum d'explications préliminaires et spécifiques permet de désamorcer les craintes légitimes de perdre ses "cacahuètes".

Et cela vous épargnera le gaspillage de temps et d'argent associé au remboursement du produit. Pas de cacahuètes à rendre !

La peur de "graves" conséquences négatives (ou de l'avenir !)

Il ne s'agit plus d'une crainte animale. C'est une crainte abstraite qui dépend de la pensée prospective, c'est-à-dire de la capacité d'envisager l'avenir, et qui exige donc le cerveau plus développé de l'être humain.

L'intensité de cette peur de l'avenir varie en fonction des enjeux.

Si vous achetez en ligne le CD de l'un de vos DJ préférés, vous n'avez pas grand-chose à craindre. Si la livraison prend plus de temps que prévu, vous n'en mourrez pas. Et si le CD est défectueux, vous le renverrez et l'on vous remboursera.

Par contre, les conséquences risquent d'être plus sérieuses si vous achetez d'urgence un coffret CD pour l'anniversaire de la personne que vous courtisez depuis 2 mois. Il faut à tout prix qu'il arrive à temps !

Mais il y a des conséquences bien plus graves à court et à long terme si vous achetez du matériel informatique, électronique, médical, etc.

Un défaut majeur peut entraîner d'importantes dépenses ou pertes de temps, des blessures, peut-être même un décès...

Pour plusieurs types de produit, le prospect aura donc encore plus besoin d'être rassuré – que ce soit pour la qualité, la durabilité ou la rapidité de livraison. Soyez-en conscient et agissez en conséquence.

Même si la peur de l'avenir est une crainte abstraite, voire irrationnelle, il faut des arguments bien concrets pour la dissoudre.

La peur des remords ou de la honte après coup

C'est une crainte très immédiate de l'ego qui n'a rien à voir avec le produit lui-même.

Personne n'aime se sentir stupide ou avoir l'impression de s'être fait roulé suite à un mauvais achat – et de s'en vouloir par la suite. À mort...

Par ailleurs, il va de soi que plus un achat est important, plus l'acheteur doit se le justifier à lui-même (ou à son entourage proche !).

Cependant, là encore, plus vous donnerez d'explications et de précisions, plus la personne aura l'impression d'avoir envisagé toutes les possibilités pour éviter de faire un mauvais choix et de se faire avoir. Et d'être humiliée.

2 autres moyens de neutraliser leurs craintes

En plus de donner des explications rassurantes sur vos produits ou services, il faut aussi rassurer les prospects sur vous-même... et eux-mêmes !

Rassurez-les d'abord sur vous-même

Dans l'esprit du consommateur, vous faites partie du "produit", surtout si le service après vente joue un rôle déterminant pour votre type de produit (par exemple : ordinateur, auto, séminaires).

S'il se méfie, c'est qu'il se méfie autant de vous que du produit.

C'est pourquoi, sur votre site, il est particulièrement important de présenter entre autres :

- une biographie bien ficelée qui mentionne vos diplômes et/ou vos expériences (sans oublier certains éléments très personnels qui peuvent créer de l'empathie chez le prospect et qui sont en rapport avec ce que vous vendez) ;
- des articles que vous avez publiés dans des revues ;
- une grande quantité d'informations ou de références à des sites prestigieux montrant que vous connaissez votre sujet.

Bref, affichez une image de crédibilité sans faille.

Rassurez-les aussi sur eux-mêmes

L'ego déteste faire des "conneries", surtout s'il y a beaucoup d'argent en jeu. D'où la peur des remords, de la honte ou de la frustration après achat – même si cela reste assez inconsciente.

Lors d'une situation de vente off-line, il se peut qu'un client dise qu'il lui faut l'avis d'un "expert amateur" de son entourage (conjoint, ami, etc.) avant d'acheter.

Dans ce cas, il y a 2 possibilités :

- soit il cherche une excuse pour s'échapper de vos griffes ;
- soit il manque confiance en lui.

En ligne, avec l'anonymat du web, il n'a pas besoin d'excuse pour décamper. Un clic suffit.

C'est donc plutôt sur sa confiance en lui-même que vous pouvez agir pour le retenir !

Un client qui se méfie est souvent un client qui doute de lui-même et de son propre jugement.

Peu importe que ce soit à cause d'une faible estime de soi, d'un manque d'instruction ou de connaissances spécialisées dans votre domaine de vente (un docteur en lettres peut être un ignare en électronique, par exemple !), de mauvaises expériences antérieures.

Le problème est là : l'ignorance et la crainte génèrent la méfiance.

En créant un climat de vente agréable sur votre site et en flattant le client dans le sens du poil, vous pouvez le détendre et le "faire planer".

Un client libéré de ses petites angoisses routinières aura davantage confiance en lui et sera beaucoup plus réceptif à vos arguments.

C'est une autre bonne façon de neutraliser la méfiance en partant.

D'autres moyens de neutraliser la méfiance

Comme vous avez pu voir, la méfiance est causée par 3 types de craintes – fondées ou non – qu'il est somme toute assez facile de neutraliser avec les moyens décrits plus haut.

Nous allons maintenant examiner 2 stratégies radicales pour neutraliser la méfiance : celles de la foire aux questions (FAQ) et de la garantie béton.

La PEUR est une des émotions les plus puissantes qui soient et elle peut se décliner sous plusieurs formes. Or, il se trouve que certaines formes de peur peuvent aussi devenir de précieuses alliées dans le processus de vente.

Bien canalisée et "recadrée", la peur constitue un puissant outil de persuasion et peut même "donner des ailes" au portefeuille du prospect.

Stratégie n° 13
La garantie en béton armé

Difficile d'y échapper. Sans une solide garantie, il est très difficile d'inspirer confiance à vos prospects virtuels.

Mais si vous êtes prêt à rembourser, c'est que vous croyez vraiment en votre produit et que vous avez les reins solides, financièrement parlant.

Reste qu'il est important de bien formuler votre garantie pour qu'elle inspire vraiment confiance. Surtout si vous proposez un nouveau type de produit.

Pour le e-commerce, la garantie est d'autant plus importante que, sauf rares exceptions, le consommateur ne sait pas vraiment à qui il a affaire sur le web.

Mais pas de risque pour vous !

Tout récemment, j'ai songé à me faire rembourser une bouilloire qui était tombée en panne bien avant que la garantie de 1 an ne soit échue. Mais en fin de compte, j'ai trouvé moins compliqué de m'en racheter une nouvelle. D'une autre marque.

Vous l'avez aussi constaté : se faire rembourser, ça peut prendre du temps. À moins de vouloir le faire "par principe", à tout prix, le jeu n'en vaut souvent pas la chandelle.

La bonne nouvelle c'est donc que vous ne risquez pas grand-chose à donner une garantie : moins de 2 % des clients en ligne s'en prévalent et demandent un remboursement.

De plus, si vous êtes le moindrement chanceux en affaires, l'effet d'augmentation sur les ventes et les profits liés à une solide garantie est tel qu'il compense largement pour "les déboursés en remboursements".

À l'inverse, si vous n'offrez pas une bonne garantie, vous risquez bien plus de perdre de l'argent.

Un moyen simple de "garantir votre garantie" encore plus

Il est extrêmement avantageux de renforcer votre garantie avec un ou plusieurs "cadeaux gratuits" que vos clients peuvent garder s'ils ne sont pas satisfaits.

Cela revient à garantir doublement votre produit.

Et c'est d'autant moins risqué si vous offrez des cadeaux "virtuels" téléchargeables.

Même chose si vous proposez des CD ou des DVD, puisque le coût du support est minime. On pourrait dire que ce sont des "cadeaux gratuits" (ou presque) pour vous également !

Les 4 principaux types de garantie directe

Pour déterminer votre garantie, déterminez d'abord le juste milieu entre les craintes ou attentes de la clientèle et ce que vous pouvez vous permettre de rembourser sans y laisser votre chemise. Ou voyez ce que votre comptable en pense !

Mais quoi qu'il en soit, il s'agira de centrer vos promesses sur les principales garanties auxquelles s'attend votre prospect type.

1. Garantie pour l'efficacité (avec ou sans période d'essai)

Passez en revue tout ce que le prospect pourrait clairement associer à l'efficacité de votre produit.

À défaut de TOUT garantir, limitez-vous à un ou plusieurs aspects que vous pouvez garantir sans trop de risque. Car vous n'êtes pas obligé de garantir TOUTES vos promesses !

Cependant, essayez au moins de garantir – en tout ou en partie – ce qui semble le plus important aux yeux du client.

Par ailleurs, il faut tenir compte du fait que l'appréciation d'un produit peut se révéler fort subjective dans beaucoup de cas.

Pas de doute pour un dispositif électronique : il fonctionne ou ne fonctionne pas. Mais une méthode d'apprentissage des langues, de gestion, de développement personnel, ou encore un produit naturel, par exemple, ne donnent pas des résultats du jour au lendemain. Cela peut même prendre plusieurs mois avant d'en observer les bienfaits.

Pour ce genre de produits, 2 facteurs peuvent donc jouer en votre faveur :

► **L'effet de l'escalade dans l'engagement.**

Une personne qui a de fortes attentes ne voudra pas s'avouer vaincue trop vite. C'est une question de fierté ou d'estime de soi. La personne aura donc souvent tendance à penser qu'elle fait des progrès. Il y a même de bonnes chances qu'elle persévère au delà de la période de garantie.

► **L'effet placebo.**

L'idée positive que le prospect se fait d'une méthode ou d'une substance thérapeutique génère déjà en soi un effet bénéfique important (en moyenne 35 %) qu'elle soit ou non réellement efficace.

2. Garantie pour la rapidité de livraison

Celle-ci va s'avérer particulièrement importante pour certains types de produit. Et ce sera d'autant plus le cas si le prospect utilise le web pour avoir encore plus rapidement ce qu'il désire.

N.B. : S'il s'agit d'un produit de type e-book ou logiciel, ne faites surtout pas attendre le client pour utiliser votre produit ! C'est l'une des meilleures garanties qui soient.

3. Garantie pour le service après-vente

Sur le web, une telle garantie rassurera vos clients encore plus pour un premier achat, car il ne sait pas avec quel individu il fait affaire.

Cette garantie renforce considérablement votre crédibilité.

Mais avant de trop vous engager, voyez comment vous pouvez automatiser le plus possible le service après-vente.

Un service après-vente du type "foire aux questions" avec code d'accès spécial pour obtenir certaines réponses est déjà une bonne façon d'honorer – au moins en partie – une telle garantie.

4. Garantie pour la durée

Celle-ci rejoint la garantie d'efficacité. Mais tout dépend bien entendu du type de produit que vous vendez.

Vous avez le droit de vous ménager des "portes de sortie". Ce ne sont pas tous les produits qu'on peut garantir "à vie".

Si vous pouvez garantir par exemple qu'une méthode ou un produit fera effet en 3 à 6 mois, il n'est pas nécessaire de garantir que son efficacité durera pendant 10 ans.

Autres formes de garantie directe

Certaines formes de garantie peuvent difficilement donner lieu à un remboursement. Néanmoins, elles peuvent rassurer vos clients de plusieurs façons.

Par exemple :

► **Garantie pour la confidentialité des données sensibles.**

Promettez de ne pas fournir le nom des prospects à d'autres intérêts.

Insistez sur le fait que vous avez une politique anti-spams, que vous détestez recevoir des spams, etc.

Ou ajoutez un item dans votre questionnaire où vous demandez aux prospects s'ils acceptent ou refusent que leurs coordonnées soient mentionnées à des sites associés proposant des produits qui pourraient les intéresser.

▶ **Garantie pour la sécurité du système de paiement.**

Beaucoup de gens ont encore peur de payer par internet.

En transigeant avec Paypal, Visa, Mastercard ou d'autres institutions financières reconnues, vos clients se sentiront reconnues.

▶ **Garantie pour la saveur, le caractère bio ou écologique.**

Une garantie pour la fraîcheur des aliments livrés en express – un critère objectif – vous engage plus qu'une garantie concernant leur saveur (un critère subjectif) ou leur caractère aspect bio ou écologique.

Par ailleurs, si vous vendez, disons, des semences pour plantes potagères, divers éléments de votre site peuvent renforcer l'impact de votre garantie bio : vos références scientifiques, le type de renseignements que vous fournissez, le ton ou le look général de votre site, etc.

Les garanties indirectes : bonus et cadeaux

Les e-books, les écrans de veille, l'abonnement à une newsletter, des CDs et autres cadeaux virtuels très peu coûteux ne garantissent pas comme tel l'efficacité de votre produit principal. Mais vos promesses à l'égard de ce dernier seront encore plus crédibles si :

• vos cadeaux ont vraiment de la valeur ;

• les clients peuvent garder inconditionnellement vos cadeaux même s'ils demandent un remboursement.

De surcroît, vous pouvez proposer des réductions pour des achats ultérieurs, des points de fidélisation du type Airmiles, la possibilité de faire partie d'un club privé de clients privilégiés après un certain nombre d'achats, etc. Voyez la Stratégie n° 3.

Par ailleurs, le fait de vous bâtir une image de crédibilité et de renforcer au maximum l'"effet d'autorité" constituent aussi une forme de garantie implicite.

D'autres moyens de "garantir" encore plus

Pour "asséner" encore mieux l'effet de la garantie, vous pouvez utiliser un vocabulaire qui agit à la fois consciemment et inconsciemment (effet subliminal) :

▪ Utilisez par exemple des termes comme DOUBLE GARANTIE ou TRIPLE GARANTIE.

- Insistez aussi sur le caractère AUDACIEUX, EXCEPTIONNEL, SANS PRÉCÉDENT, SANS AUCUNE RISQUE, INCONDITIONNEL, etc. de votre garantie.

- Pour bien formuler votre garantie, dites par exemple : "N'envoyez pas d'argent maintenant. Essayez d'abord [mon produit] pendant 3 mois. Si vous n'êtes pas entièrement satisfait, vous serez remboursé aussitôt sans aucune condition et sans aucune question. Et vous pourrez garder vos cadeaux [produit]..."

- Il faut que ce soit bien clair que le consommateur ne prend AUCUN risque, qu'il n'a absolument rien à débourser, et que c'est VOUS qui prenez tous les risques parce que vous êtes sûr à 100 % de la qualité de vos produits ou de vos services.

- Répétez votre garantie à plusieurs reprises en variant subtilement la formulation (il ne faut surtout pas donner l'impression aux prospects que vous les prenez pour des idiots !). Ou répétez-la en rajoutant certains avantages très vendeurs. Mais martelez toujours le même message de base !

- Faites signer la garantie par une personne importante de votre société : président, directeur des ventes, etc. (peu importe que ce soit vous ou un autre). En donnant l'impression que "les ordres viennent d'en-haut" ou que "tout est sous contrôle", cela renforce la crédibilité de votre garantie.

Stratégie n° 14
Racontez avant de vendre

“Celui qui se justifie lui-même ne convainc personne.”

Adage chinois

Jésus racontait des paraboles pour enseigner des vérités profondes à des gens simples.

Avec leurs fables, Esope et Lafontaine enveloppait leurs observations morales dans des mises en scènes animales.

Les messages passent ainsi plus en douceur... voire de manière subliminale.

Tout le monde aime les bonnes histoires, surtout si elles sont bien racontées. Et peu importe qu'elles soient vraies ou aient l'air vraies.

Pour le marketing en ligne, les bonnes histoires sont donc d'une extrême efficacité. Et elles permettent d'appliquer simultanément plusieurs stratégies de persuasion.

Peu importe qu'il s'agisse d'un témoignage, d'une anecdote ou d'une fiction, elles agissent à plusieurs niveaux, conscients et inconscients.

C'est l'une des meilleures portes d'entrée dans l'esprit des consommateurs modernes.

La nouvelle approche publicitaire pourrait donc se résumer ainsi : une bonne histoire vaut mieux que 1 000 promesses... Car le marketing en ligne a beaucoup évolué depuis les débuts.

Et pour cause ! Sur le web, il est de plus en plus difficile d'“accrocher” les consommateurs étant donné que leurs possibilités de choix se sont multipliées comme des mouches. Plus informés, ils sont aussi plus méfiants.

Autrement dit, au lieu d'arriver tout de suite avec des promesses hyperboliques, mieux vaut d'abord raconter une bonne histoire au prospect. Quitte à lui raconter des “histoires” par la suite...

En fait, même avec un produit moins performant ou une offre moins avantageuse, une très bonne histoire peut faire exploser vos ventes au détriment de la concurrence.

Personne ne déteste la publicité !

D'un côté, on pourrait croire que les gens fuient la pub comme la peste. Ils zappent durant les pauses publicitaires à la TV ou fast-forward leur DVD pour sauter les pubs.

Paradoxalement, il existe aussi un vaste public qui regarde des émissions où l'on montre les meilleures pubs internationales.

Et année après année, le succès des festivals de pub ne se dément pas.

Chaque année, au superball américain, il y a tout un buzz autour des publicités.

Il y a 3 choses à retenir de cela :

• Les gens n'ont rien comme tel contre la publicité.

• Simplement, ils veulent la regarder à leur rythme. Et c'est ce que permet justement internet !

• Peu importe qu'il s'agisse d'une publicité si on divertit les prospects et qu'on leur raconte une bonne histoire.

5 raisons

Plusieurs raisons expliquent l'étonnante efficacité d'une bonne histoire en marketing :

1. Une bonne histoire divertit.

Même si le produit dont elle parle ne nous intéresse pas, nous allons la lire si cette "tranche de vie" est vraiment intéressante.

2. Elle capte plus facilement l'attention.

Le terme "divertir" et son synonyme "distraire" sont tout à fait évocateurs. Il s'agit d'interrompre la routine mentale du prospect, de l'arracher à ses préoccupations.

Vous en avez déjà fait l'expérience. Certains jours, vous vous sentez soucieux ou morose. Mais si une personne vous raconte un événement surprenant ou un truc drôle, vous allez "décrocher" de vos problèmes.

3. Une bonne histoire neutralise la méfiance du prospect.

Dès que vous voyez des expressions comme "offre spéciale", "réalisez tous vos rêves", "produit miracle", etc., votre cerveau allumera sans doute un voyant rouge.

"Quelle foutaise essaie-t-on encore de me vendre ? Allons voir ailleurs."

À l'inverse, une histoire nous ramène en enfance, nous fait voyager dans notre imagination. Nous devenons plus ouverts, plus réceptifs. Et il est donc plus facile de nous intéresser aux éléments publicitaires qui sont introduits par la suite. Qui plus est, s'il s'agit d'une histoire sensément véridique, notre méfiance sera doublement neutralisée.

4. La vérité ou même l'apparence de vérité d'un témoignage semble plus réelle que les promesses.

Une promesse reste une abstraction. Elle se situe dans le futur. Elle peut ou non se réaliser.

Par contre, une histoire, c'est du concret, des sentiments, des sensations. Elle met de la chair sur les os de vos promesses.

Sans être une preuve au sens scientifique, un témoignage laisse donc à penser que le produit est vraiment efficace.

5. Pour les mêmes raisons, le prospect peut se visualiser plus facilement en train d'utiliser le produit.

En se projetant dans la peau de celui ou celle qui témoigne, il ressent les sensations ou les sentiments associés à la possession du produit. (Cf. Stratégie n° 13.)

Même une simple anecdote fictive peut aider à faire visualiser le produit !

C'est gratuit et c'est facile !

Quelle est la forme de publicité qui rapporte le plus ? La publicité gratuite bien sûr.

Ce qu'on dit sur vous est 1 000 fois plus crédible que ce que vous dites vous-même de vos produits.

Rien ne bat les témoignages de clients satisfaits ou les commentaires positifs de commentateurs indépendants. Sans compter que ça coûte bien moins cher !

Cela ne signifie pas pour autant que vous ne devez faire aucune publicité.

Mais la combinaison d'un plan marketing conventionnel avec des témoignages véridiques fera exploser vos ventes.

Et l'avantage avec le web, c'est qu'il est encore plus facile d'obtenir des témoignages véridiques ou des commentaires positifs. Et de surcroît, vous les obtiendrez beaucoup plus vite.

Des moyens infaillibles pour obtenir des témoignages percutants

De tout temps, le marketing a fait usage des témoignages de clients satisfaits. Mais par les voies traditionnelles, cela prend du temps pour les obtenir. Il faut que le client reçoive le produit, l'essaie puis se décide éventuellement à vous envoyer spontanément ses impressions ou accepte de répondre à un questionnaire que vous lui enverrez par la suite.

Sur le web, cela se fait très rapidement.

Utilisez vos enquêtes en ligne

La stratégie des enquêtes en ligne vous permet notamment d'inclure une section pour les commentaires des utilisateurs.

En même temps, assurez-vous d'intégrer une case à cocher pour obtenir le droit d'utiliser le témoignage.

Misez sur le "bouche-à-oreille" en ligne

Le buzz marketing ou le marketing par le "bouche-à-oreille" peut s'utiliser en ligne dans l'arsenal de la guérilla marketing on-line.

Il exige très peu de moyen, mais son impact peut s'avérer énorme !

Une enquête menée récemment aux États-Unis montre que le bouche-à-oreille (sur internet ou autrement) est désormais une source d'information plus crédible que les autres sources conventionnelles : journaux, TV, etc.

Si vos produits commencent à être le moindrement connu et qu'ils sont appréciés, certaines personnes en parlent certainement sur des forums ou des blogs.

Avec un moteur de recherche, faites une recherche systématique pour retrouver ces témoignages "gratuits".

D'une façon ou d'une autre, même s'ils sont mi-figue mi-raisin, voire passablement négatifs, il y a toujours moyen d'en "extraire" des extraits positifs en les recadrant positivement.

Pensez aux affiches de film qui font feu de tout bois avec les chroniques des critiques de cinéma. Le truc est bien connu.

Citez-les avec ou sans hyperliens en mentionnant au moins le nom du site ou du blog.

Une petite précaution pour préserver votre crédibilité : si vous indiquez l'hyperlien, précisez en tout petit que ces liens peuvent devenir caducs et que vous ne faites pas une vérification au jour le jour.

Faites utiliser vos produits par vos clients et donnez-les en échange d'un témoignage

Pour inciter des prospects à fournir des témoignages consistants, envoyez vos produits gratuitement à certains d'entre eux en leur demandant de les essayer et de les commenter.

La loi de la réciprocité les contraindra généralement à vous répondre.

De préférence, utilisez une liste d'anciens clients.

Vous pouvez jouer sur l'idée que vous désirez les remercier pour leur fidélité, qu'ils ont toujours fait preuve de discernement et que leur opinion compte pour vous, etc.

Bref, autant de façon de les "flatter dans le sens du poils".

Que ce soit avec de nouveaux ou d'anciens clients, vous pouvez aussi organiser un concours des meilleurs témoignages.

Très important : pour encourager la participation, annoncez qu'il y a aura plusieurs gagnants. Et faites bien savoir que vous récompenserez les gagnants avec des produits vraiment intéressants.

L'ironie de la chose, c'est que les témoignages risquent d'être d'autant plus positifs qu'il y a quelque chose à gagner.

Ou parlez de vous !

Vous avez une histoire "perso" et accrocheuse en rapport avec l'usage du produit que vous vendez ?

Si vous pouvez convaincre le prospect que vous êtes vous-même un utilisateur convaincu de vos propres produits, vous faites d'une pierre 2 coups :

- vous donnez un témoignage extrêmement percutant ;
- vous vous positionnez comme un "expert".

C'est le cas par exemple avec Sy Sperling, le fondateur d'une entreprise américaine Hair Club for man, qui propose des soins capillaires pour hommes.

Dans toutes les publicités, le fondateur, Sy Sperling, dit : "Je ne suis pas seulement le président de Hair Club, j'en suis également un client."

Dans un ordre différent, prenons l'exemple de David De Angelo (Double Your Dating) qui vend une méthode de drague destinée aux hommes. Il présente sa méthode comme le fruit de ses recherches intensives "sur le terrain" et il raconte ses déboires autant que ses succès. En plus d'accrocher les prospects avec ses anecdotes personnelles, il sous-entend : "Je sais de quoi je parle. Je suis maintenant un expert."

En même temps, il "touche" l'affectivité des prospects en racontant des situations frustrantes qu'il a lui-même vécues et où les prospects peuvent se reconnaître par empathie.

Toute histoire peut servir

Il n'y pas que les témoignages véridiques qui peuvent appâter le prospect. L'important est que votre texte ne ressemble pas trop à un texte publicitaire gonflé aux "hormones adjectivales".

Le fait de "raconter" donnera un ton plus naturel à vos propos.

Voici quelques suggestions :

▪ Vous pouvez notamment utiliser l'approche "mise en situation" avec une histoire fictive qui est un collage de plusieurs cas liés à vos produits.

Une majorité de consommateurs se reconnaîtront ainsi dans votre histoire.

▪ Il peut s'agir aussi d'un conte, d'une fable, d'une petite histoire de votre cru ou peu connue. Elle servira à illustrer votre propos.

À travers cette fiction, vous ferez visualiser l'état positif associé à la possession du produit (Stratégie n° 13).

En même temps, vous pourrez le "toucher virtuellement" (Stratégie n° 5).

Ensuite, il ne vous restera plus qu'à introduire <u>en douce</u> des éléments commerciaux. N'augmentez la dose que très progressivement.

"Mélangez"-bien avec le reste... Gardez un ton informatif.

▪ Vous pourriez également donner un côté reportage ou article à votre texte publicitaire.

Là encore, illustrez vos propos avec des cas ou des anecdotes mais dans un contexte plus objectif ou scientifique.

Donnez aussi des références scientifiques, faites allusions à des experts, etc., comme le ferait un journaliste scientifique.

Informez d'une manière très conviviale avant de vendre. Vous vous positionnez aussi comme "expert".

Le terme "raconter" est à prendre au sens strict. Il s'agit de vraiment vous transformer en conteur.

Créez un suspens, n'en dites pas trop tout de suite, attiser la curiosité au maximum, etc.

Il ne serait pas mauvais d'observer les grands conteurs, de lire des ouvrages sur les techniques des romanciers et de faire une lecture plus analytique des bons romanciers.

À propos de l'effet inconscient de certaines histoires

L'effet des témoignages de client satisfait est très direct et s'adresse surtout au conscient. Rien de compliqué.

Par empathie naturelle, on imagine ou on devine tout le plaisir possible qu'il peut y avoir à posséder tel objet ou à ressentir du soulagement avec tel produit de santé.

Avec certaine narration, il est possible d'agir au niveau inconscient à des métaphores bien ciblées ou des ordres cachés.

Une révolution dans le marketing en ligne

Oui, les technologies du type web 2.0 vont transformer l'internet en un média TOTALEMENT multimédia et interactif.

En même temps, l'intégration internet-TV va s'accélérer. (Il suffit de voir comme les jeunes délaissent de plus en plus la TV au profit de l'ordinateur.)

Ce sera donc des milliers de "chaînes" que les prospects pourront visionner dans une véritable jungle visuelle et sonore.

De plus en plus, le commerce en ligne devra donc combiner la publicité avec le divertissement pour aller chercher les consommateurs. C'est ça que signifie "raconter avant de vendre".

Vous vous souvenez, dans la Stratégie n° 1, il était question de l'importance d'attirer vos prospects sur votre site en lui donnant l'apparence d'un "lieu de plaisir" plutôt que celui d'un centre de vente. Dans cette perspective, le fait de lui raconter une histoire avant d'essayer de lui vendre quelque chose est un autre moyen infaillible pour "attraper les mouches" avec du miel plutôt qu'avec du vinaigre.

Stratégie n° 15
L'effet d'autorité

"We Do What We're told." (19)

Peter Gabriel

Sous la direction d'un expérimentateur autoritaire, des hommes de 20 à 50 ans de tous les milieux participent à une expérience plutôt étrange destinée à vérifier si la punition agit efficacement sur la mémorisation.

Une partie de ces hommes font mémoriser des listes de mots à d'autres participants et les interrogent ensuite pour évaluer leur degré de mémorisation.

Fait inhabituel, lorsque les sujets interrogés font des erreurs, les "évaluateurs" doivent déclencher des chocs électriques dont l'intensité augmente à chaque fois. Et ce, même si leurs "élèves" semblent souffrir de plus en plus ou même les supplient d'arrêter en hurlant !

C'est Stanley Milgram, un chercheur en psychologie de l'Université Yale, qui, le premier, a mené toute une série d'expériences du même genre dans les années 1960.

Celles-ci visaient à déterminer jusqu'où pouvait aller la soumission à l'autorité.

Les résultats obtenus par Milgram ont été corroborés par les travaux d'autres scientifiques.

Ce qu'on appelle désormais l'"expérience de Milgram" a donc de quoi inquiéter : un pourcentage très élevé d'hommes iront jusqu'à infliger des chocs de 450 volts (autrement dit mortels !) sur l'ordre de l'impitoyable expérimentateur !

Le titre de chanson de Peter Gabriel We Do What We're Told (Milgram's 37) fait allusion au fait que, dans l'une des 19 variantes de l'expérience de Milgram, 37 participants sur 40 ont déclenché une décharge maximale.

Cela dit, le pourcentage moyen de "soumission à l'autorité" dans les différentes variantes était d'environ 65 %, ce qui reste un chiffre quand même très élevé.

Bien entendu, il n'y avait pas de chocs électriques. Et les sujets martyrisés étaient en fait des comédiens qui simulaient la douleur.

---

[19] (□) C'est-à-dire : "Nous faisons ce qu'on nous dit." Chanson faisant allusion à l'expérience de Stanley Milgram.

Mais revenons-en à l'univers du webmarketing.

Aussi inquiétante que soit cette fameuse et controversée (20) expérience de Milgram, elle peut néanmoins rassurer les publicitaires...

Quand une figure d'autorité (connue ou proche) affirme ou recommande quelque chose, nous sommes plus facilement enclins à lui faire confiance.

En général, nous raisonnons tous de cette façon, que nous soyons très instruits ou non.

La logique est simple : si une figure d'autorité dit qu'un produit est bon, il est sûrement bon... Et le consommateur en ligne hésitera moins à délier sa "bourse virtuelle".

Une forme d'auto-manipulation inconsciente

Ce besoin de faire appel à une "autorité" est un mécanisme inconscient très puissant qui nous ramène dans l'insécurité de l'enfance. Tout ce que nos parents nous disaient alors était parole d'évangile, car nous étions totalement à leur merci. Ils étaient la source du vrai et du faux.

Quand nous sommes dans l'incertitude et que notre propre jugement ne suffit plus pour prendre une décision, nous redevenons un enfant qui se tourne vers des figures parentales pour être rassuré. Peu importe notre âge. Peu importe que celles-ci soient très connues ou non.

Certes, consciemment, nous avons l'impression de faire un choix "rationnel" en écoutant un expert. Autrement dit, nous avons l'impression d'être un "adulte responsable".

Il n'en reste pas moins qu'au niveau inconscient, nous sommes en fait manipulé par l'insécurité fondamentale de notre "enfant intérieur".

Les top vendeurs le savent bien et s'arrangent TOUJOURS pour trouver des "arguments d'autorité" et nous ramener en enfance d'une façon ou d'une autre.

Ce sont comme des "berceuses" pour nous endormir paisiblement.

Et s'ils manquent d'experts pour cautionner leurs dires, ils s'arrangeront pour passer eux-mêmes pour des experts.

Voici donc quelques précisions sur les meilleures sources d'arguments d'autorité et la manière de vous positionner comme expert en ligne.

---

20 (□) Signalons notamment que 2 sujets de Stanley Milgram ont poursuivi avec succès l'Université Yale pour avoir souffert d'une dépression nerveuse suite à leur participation à l'une des variantes de l'expérience.

Petit hit-parade des sources les plus crédibles

Il y a moyen de faire feu de tout bois. Mais l'idéal reste d'utiliser les arguments d'autorité qui se situent en haut de l'échelle de crédibilité.

Cette échelle de crédibilité ne s'applique pas à tous les domaines. Pour un chercheur universitaire, par exemple, la notion de crédibilité est beaucoup plus stricte ou spécifique.

Ici, il s'agit d'une échelle de crédibilité plus générale qui concerne le consommateur moyen.

▶ **Personnes en contact avec le prospect.**

Parmi celles-ci, il y a les amis, les membres de sa famille, les associés et les diverses connaissances auxquelles le prospect fait confiance.

Cette forme de crédibilité est celle qui est la plus susceptible de l'influencer puisque ces personnes sont sensées être objectives.

Bien entendu, il n'est pas facile d'obtenir ce type d'arguments d'autorité, surtout dans un marché aussi vaste que celui du web. Mais si vous pouvez vraiment satisfaire vos clients, le bouche à oreille commencera à travailler pour vous.

▶ **Sources publiques non commerciales.**

Dans cette catégorie, on retrouve : rapports gouvernementaux, articles de journaux connus, rapports d'associations de consommateurs ou de magazines, études scientifiques indépendantes.

Quand vous trouvez des "preuves" dans ce type de sources, vous êtes comme Moïse recevant les tables de la loi de Dieu le Père "en personne".

Ce type de preuves – objectives et sérieuses – agit très fortement sur l'esprit du consommateur moyen.

▶ **Expériences directes du consommateur avec un de vos produits.**

Ce sont les fameux témoignages directs des consommateurs satisfaits.

Selon le rédacteur publicitaire américain Milton Pierce, ce genre de témoignages a plus d'impact que tous les superlatifs qu'un rédacteur pourrait inventer.

Les études : de l'or en barre

Les travaux scientifiques valent aussi tous les superlatifs que vous pourriez imaginer. Et dans beaucoup de cas, vous trouverez assez facilement des études.

Ces études n'ont pas besoin d'être favorables à 100 %. Car tout dépend par quel bout de la lorgnette, on les lit.

Il arrive fréquemment que les scientifiques eux-mêmes ne s'entendent pas sur la nature exacte des résultats. Le consensus est rare, du moins dans le détail. Et souvent les études se suivent et ne se ressemblent pas...

Et si vous mentionnez des études, ajoutez les références exactes pour donner encore plus de poids à vos propos.

Ne dites pas simplement "des études ont montré que..." Énumérez-les en appliquant les règles des bibliographies scientifiques.

L'internet est votre meilleur allié

Il existe des sites où vous pouvez trouver très facilement des résumés d'études (parfois même des articles complets sans frais), et ce, dans beaucoup de domaines.

Je vous recommande en particulier le site PubMed, de la U.S. Library of Medicine (http://www.ncbi.nlm.nih.gov)

De façon générale, avec un moteur de recherche comme Google, il suffit de taper les mots-clés associés à votre produit et vous trouverez sans doute pas mal de données scientifiques sur celui-ci.

J'ai connu des personnes dûment diplômées en science qui travaillaient pour des sociétés vendant des produits naturels. Ils avaient pour mission de ratisser la documentation scientifique disponible sur le web en fonction des produits à vendre. Et ils en trouvaient TOUJOURS !

Des rapports techniques... mais à petites doses

Des rapports techniques sur le produit renforcent la crédibilité de votre site. Cependant, arrangez-vous pour que ce genre de renseignements ne soit pas trop "dans le chemin" de votre message principal.

Ce type d'information doit figurer en plus petits caractères dans un encadré ou une colonne à part, intitulé par exemple "Fiche technique".

Vous pouvez notamment faire ceci :

- S'il s'agit d'un petit encadré, montrez le début des informations avec un langage assez technique. Pour lire la suite, le visiteur n'a qu'à faire descendre la flèche de la fenêtre pour lire le reste du texte.

- Résumez les données techniques en 2 ou 3 phrases suivies du mot "Détails" souligné. Les visiteurs n'ont qu'à cliquer sur ce mot pour faire ouvrir une fenêtre où figure la fiche technique en entier.

La magie des buzzwords

Quand le commun des mortels entend des journalistes parler à la TV ou à la radio, il croit souvent que ceux-ci sont bien savants. Certes, il s'agit généralement de gens intelligents et cultivés. Mais, dans bien des cas, ils viennent tout juste d'étudier les dossiers que leur ont préparés leurs recherchistes. On pourrait presque dire qu'ils ressemblent à des "étudiants professionnels" qui passent un oral...

Cependant, les journalistes s'arrangent pour renforcer leur image de crédibilité en plaçant ci et là quelques termes spécialisés qui comprennent un certain nombre de "buzzwords".

(Rappelons qu'un buzzword est un terme à la mode dans un certain milieu, du type jargon ou expression branchée, prouvant qu'on est "dans le coup".)

Il est bon d'utiliser des buzzwords, mais de manière simple et conviviale, voire désinvolte, sans chercher à en faire trop parce que vous vous adressez à des gens soi-disant plus instruits.

Comme l'explique le publicitaire Régis Hauser :

"La solution consiste à exercer une pression identique sur tous vos prospects, qu'ils aient une instruction primaire ou supérieure ; en utilisant si nécessaire des mots et expressions qui font partie de leur univers culturel ou professionnel Mais surtout, en évitant les termes inutilement compliqués." (21)

Donnez vos produits à des leaders d'opinion sur le Web

C'est une des meilleures façons de pratiquer le buzz marketing, autrement dit d'utiliser la rumeur ou le bouche-à-oreille comme mode de diffusion d'un message publicitaire.

Le principal avantage de cette technique d'influence : elle ne coûte RIEN !

Et sur le web, il existe grosso modo 2 types de leaders d'opinion.

Les leaders d'opinion "établis"

Beaucoup de "columnists" des grands journaux ou magazines prolongent leur travail dans la blogosphère.

En passant par ces chroniqueurs "établis", vous pouvez véhiculer votre message publicitaire à la fois dans les médias conventionnels et sur le web.

---

21 (□) HAUSER (Régis), L'efficacité en marketing direct – La vente par la persuasion, Les Éditions d'Organisation, Paris, 1991, p. 119.

Les nouveaux leaders d'opinion

Sur le web, il existe aussi des chroniqueurs improvisés de tout âge qui utilisent un blog ou un forum pour faire part de leurs humeurs ou dispenser leurs conseils et leurs avis.

À la longue, certains deviennent de véritables leaders d'opinion qui ont plus de crédibilité que d'autres.

Ce faisant, ils peuvent aussi influencer les choix des consommateurs qui appartiennent à leur niche.

Les grands fabricants de matériel informatique, entre autres, font appel à ces leaders d'opinion de tout acabit pour qu'ils essayent gratuitement leurs produits.

Dans le cas de la clientèle des ados, il existe aussi des leaders d'opinion qui peuvent vous être fort utiles.

Leur crédibilité ne réside pas dans leur diplôme ou leur expertise, mais plutôt dans le buzz qu'ils génèrent à partir de leurs sites et de l'affluence de visiteurs sur celui-ci.

Si tout le monde en parle, c'est que c'est bon ou "in" !

L'influence de ces leaders d'opinion en herbe peut s'avérer redoutable.

Mais soyez conscient des risques !

Le buzz marketing est une forme de publicité gratuite, aussi puissante mais aussi dangereuse que de la dynamite... Mais il faut savoir comment "limiter les dégâts" en cas de mauvaises critiques.

Le risque en vaut néanmoins la peine. De toute façon, c'est bien connu : même un texte négatif peut contenir des éléments positifs qui, une fois isolés du contexte, peuvent servir à vos propres fins. Et c'est parfaitement légal ! Il suffit d'extraire certaines phrases ou expressions et le tour est joué !

Pour prévenir ou limiter les dégâts, vous pourriez aussi envoyer vos produits à des leaders d'opinion de e-zines (22) respectés en leur proposant une part des profits en échange d'une recommandation envoyée par email à la liste d'abonnés du site.

C'est une pratique assez fréquente. Et elle est typique de la guérilla marketing !

---

22 (□) Contraction de "magazine électronique".

Comment vous afficher vous-même comme un expert

Avec un statut d'expert, vous augmentez considérablement votre crédibilité en tant que vendeur de produits ou de service.

Pour vous afficher comme un expert, vous pouvez notamment faire ceci :

- Publiez des articles ou un livre. (Notez qu'il est facile de publier un livre à vos frais quand vous le vendez en ligne comme un e-book !)
- Donnez de temps en temps des conférences. Il n'en faut pas plus pour vous décrire comme un "conférencier" !
- Décrivez vos expériences de vie significatives, même si elles sont négatives. L'important est de pouvoir mentionner plusieurs éléments "substantiels" dans votre biographie.

Recommandez certains de vos propres produits... et l'on vous commandera quelque chose

D'une certaine façon, une entreprise en ligne peut elle-même faire figure d'autorité par rapport à ses propres produits.

Si, en parlant d'un de vos produits en particulier, vous dites "je vous le recommande plus particulièrement", cette expression aura une influence certaine – et ce, même si le client peut y suspecter une forme de subjectivité.

À cause de ses connotations subliminales, le terme "recommander" est une forme de suggestion positive qui agit à notre insu.

Lors d'une étude, 2 chercheurs (23) ont étudié l'impact de plusieurs types de recommandations sur les ventes de produits disponibles en ligne : vins rouge, calculatrices et souris.

Ces recommandations émanaient de 3 sources :

– des experts ;

– des sociétés qui vendaient ou produisaient la marchandise ;

– des consommateurs.

Pour contrôler l'expérience, il n'y avait pas de recommandations dans certains cas.

---

[23] (□) SENECAL (S.) et NANTERL (J.), "The Influence of Online Product Recommendations on Consumers' Online Choices", Journal of Retailing, 2004, vol. 80, p. 159-169.

Or, finalement, il s'est avéré que toutes les formes de recommandations ont influencé positivement les ventes.

Donc, pas de fausse modestie !

Être généreux, ça fait sérieux

En étant généreux avec votre client dès le premier contact, vous montrez que vous avez les reins solides financièrement et que vous avez très confiance en vos produits.

En d'autres termes, ne donnez pas l'impression de vouloir vendre à tout prix votre produit. Prenez le temps de fournir des informations intéressantes et pratiques.

Votre crédibilité grimpera aussitôt de plusieurs crans. Seul un "expert" peut se permettre d'être vraiment généreux !

D'autres moyens simples pour avoir un site crédible

- Tenez votre site parfaitement à jour – et même idéalement, d'heure en heure !
- Soyez cohérent à tous les niveaux : les couleurs du logo doivent s'harmoniser avec l'ensemble des éléments visuel.

Conclusion

Si vous appliquez ces techniques sur votre site, vous verrez vos ventes s'envoler. Mais "Science sans conscience n'est que ruine de l'âme".

N'employez ces moyens que pour faire le bien et pas pour entraîner vos lecteurs vers des choix qui ne leur sont pas bénéfiques. Sinon vous risquez ce que les occultistes appellent la loi de retour. La même force maléfique que vous aurez employée vers autrui reviendra vers vous, multipliée.

Table des Matières

©2008-2009 www.club-positif.com pour cette édition

Tous droits réservés pour tous pays

Didier Marquis
Les Secrets de la Manipulation sur Internet
Petit Manuel Pratique à l'Usage des Infopreneurs...
et de leurs Clients

www.ingramcontent.com/pod-product-compliance
Lightning Source LLC
Chambersburg PA
CBHW051705180926
51764CB00054B/181/J
9780557088539